KB178395

＊ 일러두기

이 책은 내용 특성상 국립국어원의 한글 맞춤법을 참고하여 집필되었습니다.

NEW 북즐 시리즈 03

지속 가능한 출판을 위한

정열의 작
교교윤문시

개정판

이다겸 지음

03

NEW 북쥴 시리즈 —————————————————

지속 가능한 출판을 위한
교정·교열·윤문의 시작(개정판)

펴 낸 날 개정판 1쇄 2023년 11월 24일

지 은 이	이다겸
펴 낸 곳	투데이북스
펴 낸 이	이시우
교정 · 교열	김지연
편집 디자인	박정호
출판등록	2011년 3월 17일 제307-2013-64 호
주 소	서울특별시 성북구 아리랑로 19길 86, 상가동 104호
대표전화	070-7136-5700 팩스 02) 6937-1860
홈페이지	http://www.todaybooks.co.kr
페이스북	http://www.facebook.com/todaybooks
전자우편	ec114@hanmail.net

ISBN 979-11-978920-7-3   13700

© 이다겸

NEW북즐시리즈 03

지속 가능한 출판을 위한

교정·교열·윤문의 시작

이다겸 지음

개정판

투데이북스
TodayBooks

교정, 교열, 윤문, 편집자의 글짓기 수식

이 책은 저자와는 또 다른 편집자의 글짓기 수식에 관한

일종의 해설집이다. 원고 편집의 전 과정에 걸친

실무 경험을 토대로 만든 나만의 수식을

하나하나 풀어내었다. 처음부터 원래 그런 것이란 없고,

관례는 기존의 방식일 뿐이다. 이건 그러한 마음가짐으로 일군

나의 표준에 대한 이야기다.

그저 상비약처럼 찾아 읽히며, 당신의 표준을 형성하는

과정의 한 부분이 되는 책이기를 바란다.

밥을 짓고, 옷을 짓고, 집을 짓는 것처럼 사람에게 필수 불가결한 무언가를 만드는 일은 경이롭다. 그 일을 가리키는 '짓다'라는 표현을 좋아한다. 아니, 경외심을 가지고 있음이 더 적절하다. 새로운 원고를 받을 때마다 스스로 글을 짓는 사람임을 되새기는 것도 이와 관련이 있다. 교정, 교열, 윤문은 글짓기의 연장선이다. 편집자는 활자에 대한 책임감을 저자와 똑같이 나누어 가져야 하기 때문이다. 이 책은 저자와는 또 다른 편집자의 글짓기 수식에 관한 일종의 해설집이다.

누구나 출발선에 서면 막연한 두려움을 느낀다. 철두철미한 준비도 경험의 공백은 메울 수 없음을 알기 때문이다. 본 입문서를 준비하며 최우선으로 염두에 두었던 것은 이러한 입문자의 입장이었다. 하여 원고 편집의 전 과정에 걸친 실무 경험을 토대로 만든 나만의 수식을 하나하나 풀어내었다.

원고를 받아서 다시 넘기고, 그 후의 뒷마무리까지 지어야 비로소 끝나는 편집자의 일은 골자를 놓치는 순간 퍽 복잡다기해진다. 그 골자란 교정과 교열, 그리고 윤문에서 서로 다른 양상으로 자리한다. 따라서 각각의 작업 자체를 큰 줄기 삼아, 갈래별로 평소 내가 일을 진행하는 순서에 맞춰 내용을 구성했다.

우선 교정, 교열, 윤문이 무엇인지 짚는 것부터 시작한다. 생략해도 그만인 상식 수준의 원론적 이야기 같겠다만, 개념 정립을 통해 일을 함에 있어서 어떤 실질적 차이가 있는지 파악할 수 있다. 작업에 따라 접근 방식을 비롯하여 일의 항목과 단계 등 모든 것이 다르기 때문이다. 그 밖에 원고에서 자주 발견되는 오류와 편집자라도 순간 헷갈릴 수 있는 부분, 또 작업 중 맞닥뜨렸던 각종 변수들 중 참고하면 좋을 만한 것을 추려 정리해 두었다.

끝으로, 책을 제대로 활용하는 방법 하나를 추천하고자 한다. 작업할 때 손이 닿을 만한 거리, 예를 들면 책상 귀퉁이쯤 두고 수시로 뒤적거리는 것이다. 이 책의 목적은 결국 원고 편집에 대한 독자 본인만의 새로운 표준을 만드는 데 있다. 처음부터 원래 그런 것이란 없고, 관례는 기존의 방식일 뿐이다. 이건 그러한 마음가짐으로 일군 나의 표준에 대한 이야기다. 그저 상비약처럼 찾아 읽히며, 당신의 표준을 형성하는 과정의 한 부분일 수 있기를 바란다.

뜻깊은 시리즈에 참여할 수 있도록 기회를 주신 투데이북스 이시우 대표님의 아낌없는 배려와 지지에 깊이 감사드린다. 또한, 글과 함께하는 길을 명료하게 응원해 주신 임동창 선생님과 김진나 작가님, 그리고 어머니 궁편책 김주원 대표님께도 겸손히 감사를 전한다.

이다겸

목차

PART 3

글맛이 살아 있는 윤문

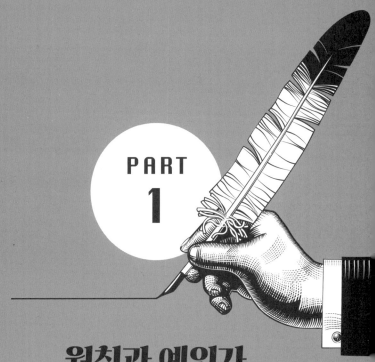

PART
1

원칙과 예외가
공존하는 교정

01

교정의 시작,
원고 감리

교정부터 윤문까지 이 책에서 다루는 원고 편집에 대한 일련의 작업들이 공통적으로 요하는 미덕이 있다. 그것은 저자와의 밀고 당기기다. 원고 편집에 있어서 저자와의 밀고 당기기는 단순한 필요를 넘어 불가분의 관계라고 해도 과언이 아니다. 이토록 견고한 관계성은 교정의 시작, 원고 감리에서부터 어김없이 드러난다.

일반적으로 원고 편집의 시작은 교정이라고 여겨진다. 틀린 말은 아니지만 문제는 이러한 인식에 대체로 중요한 한 가지가 누락된다는 점에서 발생한다. 바로 원고 감리이다. 감리의 목적은 원고를 파악하는 것으로, 후에 진행될 교정의 방향성을 바로잡기 위해 반드시 거쳐야 하는 절차이다. 만약 저자에게 원고를 받는 즉시 교정에 돌입한다면 당장은 진행 속도가 빠르다고 느껴지겠지만 곧 가속이 붙었던 만큼 작업 내내 크고 작은 방지 턱을 마주할 확률이 높다. 그러한 시행착오를 피하기 위해서는 감리가 선행되어야 한다. 원고 편집의 시작이 교정이라면 교정의 시작은 감리이다.

원고 감리 시 가장 먼저 확인해야 할 부분은 분량이다. 저자가 출판사와 계약을 마치고 집필에 들어간다는 것은 출간을 앞둔 해당 도서의 기획 의도가 정해졌음을 의미한다. 기획 의도에는 대략적인 쪽수까지도 포함된다. 따라서 원고 감리는 탈고된 원고를 받는 것에서 출발한다. 아니, 출발해야 한다. 내용과 분량이 온전한 원고를 저자와 협의한 마감일에 맞춰 받기란 그리 쉬운 일이 아니기 때문이다. 만약 저자가 다음과 같이 요청한다면 단호하게 거절할 수 있어야 한다. "일단 원고 일부를 먼저 넘길 테니 나머지는 1차 편집 끝나고 드리는 걸로 하죠." 이 대목에서 저자와의 밀고 당기기가 본격적으로 진행된다. 앞서 설명한 원고 감리의 목적에서 알 수 있듯, 제대로 된 감리는 원고 파악을 전제로 한다. 이때 원고를 명확하게 이해하려면 완성된 원고가 필요할 수밖에 없다.

따라서 애초 기획한 분량을 맞추지 못한 미완의 원고는 감리가 무의미하기에 반려한다.

다음은 내가 원고를 감리할 때 검토하는 사항이자 순서이다. 꼭 이러한 방식이 아니더라도 자신만의 원고 감리 원칙과 기준을 세우길 권하고 싶다. 감리뿐만 아니라 뒤잇는 교정 작업까지 한결 수월해질 것이다.

① 기획한 쪽수에 준하는 분량인가?
② 누락된 목차는 없는가?
③ 목차의 편제 및 번호 체계는 올바른가?
④ 목차와 본문 간의 편제 및 번호 체계가 일치하는가?
⑤ 목차에 맞게 본문이 구성되었는가?
⑥ 사진·도표·예제 등의 자료는 원고 사양에 충족하는가?

언제나 ①번 사항을 가장 먼저 확인하며, 이에 준하지 않을 경우 검토를 중단하고 원고를 반려한다. ①번 사항을 충족하더라도 나머지 사항들을 두루 살펴 하나라도 준하지 않을 경우에도 역시 원고를 다시 받는다.

이처럼 여섯 사항 중 어느 것 하나도 허투루 넘겨서는 안 되지만 분량 다음으로 유독 신경을 쏟아야 하는 부분이 있다. 바로 ②번 사항이다. 감리를 진행하는 기본 조건이 분량을 채운 본문이라면, 교정에서는 누락 없는 온전한 목차가 이를 담당한다. 즉, 원고 분량이 부족하면 감리를 진행할 필요가 없고 누락된 목차가 있다면 교정을 시작해선 안 된다. 목차는 건축에서의 도면에 해당한다. 잘못된 도면으로 작업하면 반드시 남거나 모자라는 공간이 생기기 마련이다. 원고도 그러하다. 이 과정을 건너뛰는 건 교정을 공연히 두 번 보겠다는 것과 같다. 최악의 경우 출간일 직전에 저자가 새로운 목차를 추가하는 상황이 발생할 수도 있기 때문이다. 그러므로 감리 단계에서 혹 빠트린 목차는 없는지 저자에게 다시 확인해 줄 것을 요청하도록 한다.

02

원고 교정,
어디서부터 어디까지

  흔히들 원고 교정은 책 제작 과정의 첫 순서라고 생각한다. 대부분 실제로 그러하니까. 교정이 끝난 원고는 편집 디자이너에게 넘어가 판형을 맞춘 지면에 앉혀진다. 이렇듯 원고 교정은 편집 디자인 전 단계에서 마무리되는 것이 관례이다. 그렇긴 한데, 나는 편집 디자인 전후로 두 차례에 걸쳐 교정을 진행한다. 교정의 목적이 각각 다르기 때문이다. 우선 내가 평소 진행하는 순서에 따라 1차 교정, 즉 편집 디자인에 앞서 이루어지는 교정부터 이야기해 볼까 한다.

  1차 교정은 짐작했겠지만 원고의 오류를 바로잡는 작업이다. 이때 교정자가 발견해야 할 오류는 크게 두 가지로 나뉜다. 글자, 그리고 글. 먼저 글자의 범위로 원고를 뜯어본다. 맞춤법 등이 이에 해당한다. 대다수의 원고 교정은 이 지점에서 끝을 맺는다. 나는 여기서 멈추지 않고 오류의 범위를 확장시켜 한 번 더 확인할 것을 권하고 싶다. 교정한 글자 하나하나가 모여 이루어진 글이 사실 여부와 관련하여 합당한 내용인지 말이다. 시중에 출간된 책들을 읽다 보면 종종 다양한 오류를 발견한다. 편집 디자인 과정에서 발생한 것으로 짐작되는 경우도 있고, 인쇄 사고로 보이는 경우도 있다. 그리고 책 내용에 대한 오류도 있다. 책의 오류는 그 책을 제작하는 과정에 참여한 모든 이들에게 책임이 있다. 내용과 관련된 오류도 예외는 아니다. 일차적 원인은 저자에게 있지만, 저자만의 책임일 수는 없다. 수백 장의 원고가 한 권의 책으로 제본되기까지 그 원고를 최종 정리한 교정자에게도 연대 책임이 주어짐을 명심해야 한다.

1. 글자 : 어문 교정

(1) 타협할 수 없는 원칙

앞에서 언급한 바와 같이 원고 교정에 범위를 나누어 좁

은 범위부터 더 깊이 알아보자. 우선 글자 범위에서 교정자는 본격적인 작업 전 교정의 원칙과 예외에 대한 기준을 세우도록 한다. '교정에 예외가 있다니, 잘못된 건 무조건 원칙대로 정정해야 하는 것이 아닌가?'라고 생각할 수 있겠지만 책의 성격에 따라 허용되는 예외도 존재한다. 쉽게 납득하기 어려울 텐데 뒤에서 자세히 다룰 예정이니 의문은 잠시 내려 두고, 먼저 교정 시 타협할 수 없는 원칙들에 대하여 살펴보자.

1) 맞춤법

① 띄어쓰기 번외

띄어 써야 할 것 같지만 붙여 쓰는 단어

물체의 안쪽 부분을 뜻하는 명사 '속'은 대부분 앞말과 띄어 쓰지만, 일부는 아래와 같이 붙여 써야 한다.

몸속, 머릿속, 꿈속, 가슴속, 마음속, 뱃속, 빈속, 콧속, 귓속, 입속, 물속, 빗속, 바닷속, 땅속, 숲속, 산속, 굴속, 댓속, 배춧속

이때 '머리, 가슴, 배' 뒤에 오는 '속'은 의미에 따라 띄어 쓰거나 붙여 쓴다.

머릿속: 상상이나 생각이 이루어지거나 지식 따위가
　　　　저장된다고 믿는 머리 안의 추상적인 공간
머리 속: 머리 안쪽 부분
가슴속: '마음속'과 같은 의미로 쓰이는 말
가슴 속: 가슴 안쪽 부분
뱃속: '마음'을 속되게 이르는 말
배 속: 배 안쪽 부분

　같은 맥락으로, 뜻밖에 붙여 쓰지만 말하고자 하는 바에 따라 띄우기도 하는 또 다른 단어들이다.

　다음날, 다음번
　다음날: 정해지지 않은 미래의 어떤 날
　다음 날: 내일, 혹은 어느 특정한 날의 바로 다음 날
　다음번: 정해지지 않은 미래에 올 차례
　다음 번: 실제로 뒤이어 오는 차례

　'다음 날'처럼 실질적인 어느 시간대를 특정한 표현은 언제나 띄어 적는다.

다음 주, 다음 달, 다음 해, 이번 주, 이번 달, 이번 해

다만, 지난 시간을 가리키는 표현일 경우 하나의 단어로 굳어졌기에 붙여 쓴다.

지난날, 지난주, 지난달, 지난해

여행 첫날 먹은 첫 식사는 참 맛있었다. 이 문장에서 무언가 이상함을 느꼈다면, 아마 '첫날'과 '첫 식사'일 것이다. 오타인가 싶겠지만 그렇지 않다. 관형사 '첫'도 뒷말과 띄우는 것이 원칙이지만 결합한 형태로 붙여 적는 경우가 있다.

첫날, 첫해, 첫걸음, 첫사랑, 첫눈, 첫봄, 첫여름, 첫가을, 첫겨울

* '첫눈'은 처음 보았을 때 받는 느낌이나 인상이라는 뜻과 겨울이 시작되고 처음 내리는 눈이라는 뜻 모두를 포함한다.

물체의 위쪽을 뜻하는 '상(上)'은 본래 명사로서 '지구 상에 남아 있는 생물'과 같이 앞말과 띄어 썼다. 그러나 현재는 접미사로 규정하여 앞말과 붙여 적으니 유의하도록 한다.

예전에는 띄어 썼으나 지금은 붙여 적어야 하는 접미사 '상'

지구상, 지도상, 직선상, 도로상

줄곧 붙여 쓰던 그 외의 접미사 '상'

관계상, 미관상, 사실상, 예의상, 외관상, 절차상, 인터넷상, 전설상, 통신상

그 밖에 합성어로서 붙여 적는 예외들이다.

심중, 무의식중, 산중, 수중, 밤중, 한밤중, 부재중, 부지중, 은연중, 그중, 개중, 평상시, 유사시, 비상시, 필요시, 그곳, 이곳, 저곳, 그것, 이것, 저것, 이것저것, 아무것, 별것, 이후, 이전, 그전, 이때, 그때, 그동안, 이외, 이번, 저번, 이날, 그날, 창밖, 문밖, 한마음, 한뜻, 한입, 손끝, 발끝, 땅끝, 관계없다, 끊임없다, 남김없이, 느닷없다, 두서없다, 말없이, 맥없다, 문제없다, 밤낮없이, 변함없다, 보잘것없다, 상관없다, 소용없다, 아랑곳없다, 터무니없다, 틀림없다

먹거리만큼 따져 보아야 하는 말의 구성 성분

손바닥만 한 과자 한 봉지에도 얼마나 많은 정보가 빼곡한가. 글도 마찬가지다. 모든 글은 관형사, 명사, 조사, 부사, 동사 등 다양한 성분으로 구성되어 있다. 하다못해 서술어도 생략해 가며 편하게 주고받는 친구와의 짤막한 채팅 역시 예외는 아니다. 이때 유독 주의 깊게 따져 보아야 하는 구성 성분이 몇 가지 있다. 먹거리를 고를 때 알레르기가 있다면 '원재료명 및 함량'을 유심히 보고, 다이어트를 한다면 칼로리 등의 '영양 정보'를 확인하는 것과 같다. 바로 형태는 동일한데 다양한 성분으로 쓰이는 말이다. 한 가지 예를 들자면 '수'라는 말이 이에 해당한다. '그럴 수밖에', '그럴 수 없는', '그럴수록'은 띄어쓰기가 제각각인데, 또 제각각 바른 표기이다. 이처럼 형태가 같아서 때에 따라 어떻게 적어야 하는지 헷갈리기 쉬운 몇 가지 말의 성분을 찬찬히 따져 보자.

의존명사이면서 어미의 일부인 말
그럴 수밖에, 그럴 수 없는, 그럴수록

의존명사 '수'는 양옆에 오는 앞말, 뒷말과의 적정 거리가 얼마인지를 두고 많은 이들을 혼란에 빠트린다. 앞말과만 띄어 쓰면 되는 줄 알았는데, 어떤 때는 앞말과 뒷말 모두와 한 칸씩 띄우는 게 아닌가. 또 어디서는 모조리 붙여 버리지를 않나. 도무지 일정한 양식이라고는 찾아볼 수 없는 것 같다만 실은 띄어쓰기의 첫 번째와 두 번째 규정만 알면 된다. [한글 맞춤법 제41항, 제42항]

첫째, 조사는 그 앞말에 붙여 쓴다.
둘째, 의존명사는 띄어 쓴다.

우리는 두 번째 규정부터 역순으로 짚어 볼 것이다. 이해하는 과정이 한결 단순해진다. "어떤 일을 할 만한 능력이나 어떤 일이 일어날 가능성"이라는 뜻을 지닌 의존명사 '수'는 앞말과 띄어 쓴다. 예외 없이 무조건 띄우기에 여기까지는 더 이상 헷갈리지 않을 것이다. 문제는 붙여쓰기도, 띄어쓰기도 하는 뒷말이다. 하지만 이 또한 간단하다. 뒷말이 조사인지 아닌지만 구분하면 된다. 조사라면 붙이고, 아니라면 띄운다. 참고로 의존명사 '수' 뒤에 오는 조사를 걸어 내면 '있다'와 '없다'만 남는다.

이제 남은 건 한 가지, 몽땅 붙여 쓰는 경우이다. '그럴수록'

은 어떻게 전부 붙여 쓸 수 있는 걸까? 사실 '그럴수록'에 쓰이는 '수'는 의존명사가 아닌 연결 어미 '-ㄹ수록'의 일부다. 어간 뒤에 오는 연결 어미는 언제나 어간과 붙여 쓴다. 따라서 '그럴수록'은 동사 '그러다'의 어간 '그러-'에 연결 어미 '-ㄹ수록'이 붙은 용언의 활용형이다.

요약하자면 이렇다.

의존명사 '수'의 뒷말이 조사일 경우
그럴 수밖에 없다, 그럴 수는 없다, 그럴 수가 있나, 그럴 수도 있다, 그럴 수만 있다면 좋겠다

의존명사 '수'의 뒷말이 조사가 아닐 경우
그럴 수 없다/없는/없게/없도록
그럴 수 있다/있는/있게/있도록

연결 어미 '-ㄹ수록'일 경우
그럴수록, 갈수록, 할수록, 만날수록, 볼수록, 먹을수록, 들을수록

띄어 쓰는 '데' 어려움을 겪는다.

'수'와 마찬가지로 '데'도 의존명사이자 연결 어미의 일부다. 이때 쉽게 범하는 오류가 의존명사로 쓰였음에도 앞말에 붙여 적는 것이다. 의존명사 '데'는 여러 의미를 갖고 있으니 문맥에 따라 다양하게 활용하고, 적절하게 띄어 쓰자. 혹시 아래 정리해 둔 뜻과 용법을 보아도 여전히 헷갈린다면 격 조사 '에'를 달아 보도록 한다. '데'가 의존명사라면 격 조사 '에'를 붙였을 때 어색함이 없다. 예컨대 '띄어 쓰는 데에 어려움을 겪는다'라는 문장을 보자. 자연스럽게 읽히지 않는가.

의존명사 '데'의 뜻과 활용

'일이나 것'을 가리킬 때

그는 지금 목적을 달성하는 데 혈안이다.

이 일을 준비하는 데 어마어마한 노력을 기울였다.

＊연결 어미 '-ㄴ데'였다면
　그는 지금 목적을 달성하고자 하는데 체력이 따라 주지 않는다.
　이 일을 준비하고 있는데 어마어마한 노력을 기울여야 할 것 같다는 느낌이 든다.

'곳이나 장소'를 가리킬 때

내일 가려는 데가 어디더라?

먼 데서 오시는 분이니 마중을 나가자.

* 연결 어미 '-ㄴ데'였다면
  내일 어디 가는데?
  그분께서 출발하신 곳이 여기서 먼데 마중을 나가야 하지 않겠니.

'경우나 처지'를 가리킬 때

상황이 이렇게까지 악화된 데에는 이유가 있을 것이다.

배 아픈 데 먹는 약이 집에 있다.

* 연결 어미 '-ㄴ데'였다면
  상황이 이렇게까지 악화되었는데 이유가 없을 리 없다.
  배가 아픈데 왜 집에 있는 약을 먹지 않았어?

이사한 지 한참 지났는데도 정문이 이쪽인지 저쪽인지 헷갈린다.

위 문장에는 '지'가 세 번 나온다. 어느 것이 의존명사이고, 어미일까? '이사한 지'의 '지'는 의존명사, '이쪽인지, 저쪽인지'의 '지'는 연결 어미 '-ㄴ지, -ㄹ지'의 일부이다. 이를 구분하는 기준은 문맥에 달려 있다. 시간의 경과에 대해 말하고자 할 때는 의존명사, 나머지 경우에는 연결 어미로 쓰인다.

의존명사 '지'

여행지에서 돌아온 지 수개월이 흘렀음에도 그곳에서의 추억은 여전히 생생하다.

학원에 다닌 지 벌써 반년이 지났다.

연결 어미 '-ㄴ지, -ㄹ지'

새로 생긴 레스토랑의 음식 맛이 어떤지 궁금하다.

어디서부터 시작해야 할지 모르겠다.

쥐 죽은 듯, 물 흐르듯

'듯'은 용언의 관형사형 뒤에서는 의존명사, 용언의 어간 뒤에서는 어미로 쓰인다. 쉽게 말해 어간에 관형사형 어미 '-은, -는, -을' 따위가 붙어 있다면 그 뒤에 오는 '듯'은 띄어 쓰면 된다.

의존명사 '듯'

영화관은 쥐 죽은 듯 조용해졌다.

친구가 다 이해한다는 듯 고개를 끄덕였다.

손이 닿을 듯 가까운 거리였다.

어미 '듯'

물 흐르듯 자연스러웠다.

불 보듯 뻔한 결과였다.

비밀을 알리듯 귀에 대고 속삭였다.

의존명사이면서 조사로도 쓰이는 말
그가 말한 대로, 그의 말대로

'대로'가 용언의 관형사형 뒤에 올 적에는 의존명사이므로 앞말과 띄우고, 체언 뒤에 온다면 조사이기에 붙여 쓴다. 다만 '만족스럽지는 않아도 그러한 정도로'라는 뜻의 부사 '그런대로'는 붙여 적는다.

의존명사 '대로'

그가 말한 대로 이루어졌다.

처음 계획했던 대로 진행하자.

조사 '대로'

그의 말대로 이루어졌다.

처음 계획대로 진행하자.

노력한 만큼, 노력만큼

'만큼'도 방금 알아본 '대로'처럼 구분하면 된다. 앞말이 용언의 관형사형이라면 의존명사이므로 띄우고, 체언이라면 조사이기에 붙여 쓴다.

의존명사 '만큼'

그동안 노력한 만큼 좋은 결과가 있을 것이다.
탄성이 절로 나올 만큼 멋진 풍경이었다.

조사 '만큼'

그동안의 노력만큼 좋은 결과가 있을 것이다.
행복만큼 중요한 게 또 있을까.

보다 다양한 성분들을 포함하는 말

손바닥만 한 공간에서 하루 만에 급히 만들었지만 그런대로 봐줄 만하다.

위 문장에는 서로 다른 성분의 '만'이 세 번 등장한다. '손바닥만 한 공간', '하루 만에', '봐줄 만하다'의 '만'은 각각 보조사, 의존명사, 보조 용언이다. 가장 주목할 점은 '만'이 의존명사인 경우이다. '손바닥'과 '하루'는 모두 체언인데 '손바닥' 뒤에서는 조사로 붙여 쓰고, '하루' 뒤에서는 의존명사로 띄어 적는 이유가 무엇일까. 이때는 문맥을 파악하는 것이 관건이다. 시간의 경과나 횟수를 표현할 적에는 의존명사이므로 띄어 쓰고, 한정을 나타낼 때는 보조사로서 붙여 적는다. 다만 '오랜만에'는 시간의 경과를 의미함에도 붙여 쓴다. '오래간만'의 준말인 '오랜만'이라는 단어에 조사 '에'가 뒤따라온 것이기 때문이다.

시간의 경과나 횟수를 나타내는 의존명사 '만'
얼마 만의 재회더라?
마라톤 완주를 열 번 만에 성공했다.

한정을 의미하는 보조사 '만'
너만 괜찮으면 됐어.
이것만 마무리하자.

한편 보조사 '만'과 용언 '하다'를 나란히 함께 적을 때가 있는데, 이 또한 앞말에 따라 띄어쓰기를 달리 한다. 앞말에 달하는 정도나 수준을 뜻할 때, 혹은 비교를 나타낼 경우 보조사 '만'은 앞말과 붙이고 용언 '하다'는 띄어 쓴다. 앞말이 용언의 관형사형이라면 보조 용언 '만하다'로 결합하여 적는다.

달함 혹은 비교를 나타내는 보조사 '만'과 용언 '하다'

집채만 한 파도가 일렁였다.

고작 손톱만 한 상처인데도 꽤 아프다.

잘 찍은 사진이라도 직접 가서 보는 것만 할까.

이렇게 건성이라면 안 하느니만 못하다.

앞말이 용언의 관형사형일 때, 보조 용언 '만하다'

그런 누명을 쓰다니 억울할 만하다.

충분히 도전해 볼 만한 가치가 있다.

그뿐만 아니라, 그럴 뿐만 아니라, 그럴뿐더러

'그뿐만 아니라', '그럴 뿐만 아니라', '그럴뿐더러'에서 '뿐'은 각각 조사, 의존명사, 연결 어미다. 어떻게 구분할 수 있을까? 의존명사 '수'와 마찬가지로 앞말과 뒷말을 함께 살펴보면 된다. '그뿐만 아니라'의 '뿐' 앞에 붙은 '그'는 대명사다. 따라서 뒤에 오는 '뿐'은 조사라는 걸 알 수 있다. 조사는 언제나 체언에 붙여 쓴다. 또한 '그곳에서뿐만 아니라'처럼 이미 앞에 또 다른 조사가 있을 때에도 붙여 적으면 된다. 주의할 점은 문장을 '뿐만 아니라'라고 시작하는 경우이다. 조사는 언제나 체언 뒤에 붙어 다니기 때문에 체언을 생략한 채 문장 첫머리에 올 수 없다.

다음으로 '그럴 뿐만 아니라'에서 '그럴'은 용언의 관형사형이다. 그렇다면 여기서의 '뿐'은 의존명사이므로 띄운다. 다만 '그럴뿐더러'의 '뿐'은 연결 어미 '-ㄹ뿐더러'에 해당하므로 언제나 앞말과 붙여 적는다.

그 외의 경우
확인차 연락했다, 확인을 위해 연락하려던 차였다

'차(次)'는 앞에 오는 명사를 목적의 뜻으로 나타낼 때 '확인차'와 같이 접미사로서 앞말과 붙여 쓴다. 반면 주로 수사 뒤에서 차례를 나타낼 때, 혹은 시간의 경과나 주기를 가리키는 명사구 뒤에서는 의존명사이므로 앞말과 띄어 적는다. 용언의 관형사형 뒤에서도 의존명사로 쓰인다. 어미 '-던'과 함께 사용되는 일이 많다.

접미사 '차'

인사차, 확인차, 경험차, 수련차, 사업차, 연구차, 연수차

의존명사 '차'

1회 차, 2주 차, 3년 차

이제 막 시작하려던 차였다.

은행에 갔던 차에 통장 정리까지 하고 왔다.

적임자는 너밖에 없다, 너 밖에도 무수히 많다

위 문장에서 '너밖에'와 '너 밖에'는 어떤 이유로 띄어쓰기를 다르게 했을까? 이 역시 문장 전체를 살펴 '밖에'가 어떤 의미로 쓰였는지 알아야 한다. '그것 말고는, 그것 이외에는'이라는 뜻으로 쓰였다면 조사이기에 앞말과 붙인다. 대체로 '없다, 않다, 못하다, 모르다'와 같이 부정을 의미하는 서술어로 마무리되는 경우가 많다.

어떠한 범주에 속하지 않거나 벗어난 부분 혹은 바깥을 말할 때는 명사 '밖'을 사용하여 앞말과 띄운다. 따라서 '너 밖에도 무수히 많다'라는 문장에서 '밖에'는 명사 '밖'과 조사 '에'가 결합한 것이다. 간혹 이러한 경우에도 부정을 뜻하

는 서술어가 올 수 있다. 이럴 때 조사인지 명사인지 헷갈린다면 긍정적인 말로 바꿔 보자. 대체가 가능하다면 명사 '밖'이다.

조사 '밖에'
그밖에 다른 방법이 없다.
그 사람은 어쩜 자기 자신밖에 모르니?
급히 나오느라 지갑밖에 챙기지 못했다.

명사 '밖'
그 밖에도 다양한 방법이 있다.
병원이 동네 밖에 있어서 다니기 불편하다.
예상 밖의 상황이 벌어졌다.

안 하거나, 하지 않거나. 안되거나, 안 되거나.
안 하다, 하지 않다

부정이나 반대의 뜻을 표하는 방법은 두 가지로 나뉜다. '안 하다'처럼 용언 앞에 부사 '안'을 적거나, '하지 않다'와 같이 용언의 어간 뒤에 보조 용언 구성인 '-지 않다'를 쓰거나.

어떤 방식을 택하든 뜻에는 변함이 없다. 다만 두 가지 모두 표기가 잘못된 경우를 심심찮게 목격하니, 교정 시 주의하여 보도록 한다. '안 하다'를 '안하다'라고 붙여 쓰거나, '-지 않다'에서 '-지'를 빼고 '않다'만 적는 것이 대표적인 오류다. 특히 후자는 '생각 않고, 고민 않고, 두려워 않고'처럼 적는 일이 종종 있지만 모두 틀린 표기다.

부사 '안' + 용언
오늘은 커피를 한 잔도 안 마셨다.
아이가 도통 채소를 안 먹는다.
먹구름이 드리웠는데 비는 안 온다.

용언의 어간 + 보조 용언 구성 '-지 않다'
막상 시작하면 어렵지 않을 것이다.
그 행동은 옳지 않아.
그는 한 번도 화를 내지 않았다.

안되다, 안 되다
'안 하다, 하지 않다'와 달리 '안되다, 안 되다'는 띄어쓰기에 따라 뜻이 달라진다. '안되다'는 동사 '잘되다'의 반의어이며, '안 되다'는 '되지 않다'와 같은 뜻이다. '안되다'의 경우 용법이 다양하여 예문과 사전적 의미를 함께 기재해 두었으니 참고하면 좋겠다.

안되다

일, 현상, 물건 따위가 좋게 이루어지지 않다.

→ 도서관이 소란스러워 공부가 잘 안된다.

사람이 훌륭하게 되지 못하다.

→ 네가 안되기를 바란 적 없어.

일정한 수준이나 정도에 이르지 못하다.

→ 성공할 확률이 안되어도 80%는 넘어야 한다.

안 되다

섣불리 판단해서는 안 돼.

여행을 시작한 지 얼마 안 되었다.

내 말을 오해하면 안 되는데 큰일이다.

못하거나, 못 하거나. 못되거나, 못 되거나.
못하다, 못 하다

피아노를 배우긴 했지만 손재주가 없어 잘 치지는 못한다.
손을 다쳐서 오늘은 피아노 연주를 못 하겠다. 방금 읽은 두
문장은 '못하다'와 '못 하다'의 차이를 간단히 말해 준다. '못
하다'는 동사 '하다'와 관련된 행위를 할 수 없다는 의미로 쓰
인다. '못하다'가 포함하는 의미들은 보다 세분화되어 있으므
로 예문과 함께 보면 이해하기 더욱 수월할 것이다.

못하다

능력이 부족하여 일정 수준에 미치지 아니하다.

→ 요리할 때 칼질은 영 못해도 간은 잘 맞춘다.

앞말이 뜻하는 행동이 이루어지지 아니하다.
＊ 동사 뒤에서 '-지 못하다'로 쓰인다.

→ 너무 바빠서 미처 일을 끝내지 못했다.

앞말이 뜻하는 상태에 이르지 아니하다.
＊ 형용사 뒤에서 '-지 못하다'로 쓰인다.

→ 일을 미루니 마음이 편하지 못하다.

비교 대상에 미치지 아니하다.

→ 오랜만에 다시 본 영화의 감동은 예전만 못했다.

아무리 적게 잡아도
* '못해도'의 형태로 쓰인다.

→ 그렇게 공부했는데 못해도 10점은 오르겠지.

앞말이 뜻하는 행동이나 상태가 극에 달해 더 이상 유지할 수 없다.
* '-다 못해'의 형태로 자주 쓰이는데, '참다못해'는 부사이므로 붙여 적는다.

→ 기다리다 못해 먼저 수저를 들었다.

못 하다

이렇게 멋진 시간일 줄은 꿈에도 생각 못 했다.

질문이 너무 어려워서 아무 대답도 못 했다.

못되다, 못 되다

'못되다'는 좋지 않은 성질이나 품행, 혹은 일이 뜻대로 되지 않은 상태를 의미한다. '못 되다'는 '못 하다'처럼 '되다' 앞에 부정을 의미하는 부사 '못'을 넣은 것으로, '되지 못하다'라는 뜻으로 쓰인다.

못되다

못된 생각/심보/버릇/장난/짓

못되게 굴다.

기대만큼은 못되었지만 의미 있는 시간이었다.

못 되다

생일이 지나지 않아 아직 만으로 스물이 못 되었다.

본래 꿈이었던 화가는 못 되었지만 여전히 그림 그리는 걸 좋아한다.

② 자주 쓰고 자주 틀리는 맞춤법
두음 법칙, 이것만 알아 두자 : 율률열렬, 양량, 난란

두음 법칙을 직역하면 머리소리 법칙이 된다. '년세'가 아닌 '연세'로, '로인'이 아닌 '노인'으로 적는 것에서 알 수 있듯 단어의 첫머리에 관한 표기법이다. 따라서 본래 단어의 끝말에는 두음 법칙이 적용되지 않는데, '백분률'을 '백분율'로 쓰는 등 일부 예외가 있다. 이처럼 단어의 첫머리보다 끝말에 적용

될 때 혼동하기 쉬운 두음 법칙에 대해 알아보자.

앞말에 받침이 없거나 'ㄴ' 받침이 있을 때 '렬, 률'은 '열, 율'로 적는다.

나열, 분열, 검거율, 감소율, 실패율, 증가율, 지원율, 평균율

결렬, 행렬, 경쟁률, 성공률, 취업률, 적중률, 참석률, 합격률

앞말이 고유어나 외래어 명사일 때는 '양', 한자어 명사일 때는 '량'으로 적는다.

구름양, 기름양, 나트륨양, 에너지양, 칼슘양, 칼로리양

강수량, 거래량, 노동량, 업무량, 운동량, 작업량

앞말이 고유어나 외래어일 때는 '난', 한자어일 때는 '란'으로 적는다.

가십난, 스포츠난, 어린이난, 칼럼난

경제란, 공란, 답란, 비고란, 투고란

사이시옷, 이것만 알아 두자 : 윗층? 아래층?

'예삿일'에는 사이시옷이 들어가고, '예사소리'는 그대로 두는 이유가 무엇일까. 사이시옷은 한글이 표음문자라는 점과 관련지어 생각해 볼 수 있다. 기본적으로 한글은 소리를 기호로 나타낸 문자이다. 이때 단어의 표기와 발음 규칙에 따른 소리가 다른 경우, 사이시옷을 넣어 그 간극을 채우는 것이다. 사이시옷을 쓰는 구체적인 조건 몇 가지가 규정되어 있지만, 사실 그 모든 경우를 외워도 필요한 시점마다 머릿속에서 툭툭 튀어나오지는 않는다. 또 사람마다 발음 습관이 다르기에 소리 내어 읽어 본들 여전히 사이시옷을 넣어야 할지 확신을 갖긴 어렵다. 따라서 의심스러운 단어는 사전에서 찾아 확인할 것을 권하고 싶다.

대신 사이시옷을 쓰면 안 되는 경우 중 하나는 꼭 알아 두자. 매우 간단하지만 이 역시 자주 틀리는 규칙이다. 된소리(ㄲ, ㄸ, ㅃ, ㅆ, ㅉ)나 거센소리(ㅋ, ㅌ, ㅍ, ㅊ) 앞에서는 사이시옷을 사용하지 않는다. 다만 허리 위의 부분이나 윗옷을 가리키는 단어 '웃통'은 예외이다.

위층, 아래층, 위쪽, 아래쪽, 위통, 아래통, 뒤통수, 뒤꿈치, 뒤

풀이, 뒤처리, 뒤꼍, 뒤편, 뒤뜰

헷갈리는 건 이번이 마지막 : 든지, 던지

그러든지 말든지, 혹은 그러던지 말던지. '든지'든, '던지'든 글 속에서 마주칠 때마다, 혹은 글을 쓸 때마다 새삼 혼란에 빠지고 만다. 여기서 마지막으로 정리하고 넘어가자. 연결 어미 '든지'는 나열된 것들 중 무엇이 선택되거나 발생되어도 상관없는 맥락에서 쓰인다. 연결 어미 '던지'는 과거를 회상할 때 사용된다.

연결 어미 '든지'

밥을 먹든지 말든지 네 마음대로 해라.

무엇을 하든지 네 자신을 잃지 말아라.

연결 어미 '던지'

그곳에서 어찌나 즐겁던지, 영영 머물고 싶을 정도였다.

많이 고단했던지 오자마자 잠들었다.

연이어 알아 두자 : 이히, 지치, 잖찮

곰곰이, 곰곰히

깊이 생각하는 모습을 나타내는 부사는 '곰곰이'일까, '곰곰히'일까? 한글 맞춤법을 보면 끝음절이 분명히 '이'로만 나는 것은 '-이'로 적고, '히'로만 나거나 '이'나 '히'로 나는 것은 '-히'로 적는다고 명시되어 있다. 하지만 이 또한 사이시옷처럼 소리 내어 읽는 것만으로는 확인이 충분치 않다. 따라서 국립국어원은 이를 두고 보다 실질적인 기준을 제시하고 있다. 하지만 모든 경우에 해당되는 것은 아니니 아래 내용은 참고 정도로 여기고, 사전 찾기를 습관화하면 좋겠다.

'이'로 적는 경우

겹쳐 쓰인 명사 뒤

겹겹이, 곳곳이, 길길이, 나날이, 낱낱이, 다달이, 번번이, 샅샅이, 알알이, 줄줄이, 짬짬이

'ㅅ' 받침 뒤

기웃이, 나긋이, 남짓이, 뜨뜻이, 버젓이, 번듯이, 빠듯이, 지긋이

'ㅂ' 불규칙 용언의 어간 뒤

가까이, 가벼이, 괴로이, 기꺼이, 너그러이, 부드러이, 새로이,

쉬이, 외로이, 즐거이

'하다'가 붙지 않는 용언의 어간 뒤

같이, 굳이, 길이, 깊이, 높이, 많이, 실없이, 헛되이

부사 뒤

곰곰이, 더욱이, 생긋이, 오뚝이, 일찍이, 히죽이

'히'로 적는 경우

'하다'가 붙는 어근 뒤('ㅅ' 받침은 제외)

간편히, 고요히, 공평히, 과감히, 극히, 급히, 급급히, 꼼꼼히,

나른히, 능히, 답답히, 딱히, 속히, 엄격히, 정확히, 족히

'-하다'가 붙는 어근에 '-히'가 결합하여 된 부사에서 온 말

익히(익숙히), 특히(특별히)

넉넉지 않다, 넉넉치 않다

다음으로 준말 표기에 대해 알아보자. '넉넉하지 않다'를 줄이면 '넉넉지 않다'일까, '넉넉치 않다'일까. 여기서 더 줄였을 때 '넉넉잖다'와 '넉넉찮다' 중 어느 것이 바른 표기일까? 어간의 끝음절 '하' 앞말에 무성 자음(ㄱ, ㅂ, ㅅ 등) 받침이 있으면 '하지'를 '지'로 줄이고, 앞말이 유성 자음 받침이나 모음으로 끝나면 '치'로 줄인다. 따라서 '넉넉하지 않다'는 '넉넉지 않다'로 적는다. 그리고 이보다 짧게 줄이면 '넉넉잖다'가 된다. '하지'가 '지'로 줄어들면 '잖다', '치'로 줄면 '찮다'로 표기한다. 하나 더 유의할 점은 '삼가지'와 '서슴지'다. 이들은 '삼가다'와 '서슴다'의 어간에 어미 '지'가 붙은 용언의 활용형이다. 특히 '삼가다'를 '삼가하다, 삼가해 달라'와 같이 적는 경우가 있는데 모두 잘못된 표기다.

'지'와 '잖'으로 주는 경우

넉넉하지 않다, 넉넉지 않다, 넉넉잖다

녹록하지 않다, 녹록지 않다, 녹록잖다

떳떳하지 않다, 떳떳지 않다, 떳떳잖다

마뜩하지 않다, 마뜩지 않다, 마뜩잖다

섭섭하지 않다, 섭섭지 않다, 섭섭잖다

'치'와 '찮'으로 주는 경우

가당하지 않다, 가당치 않다, 가당찮다

개운하지 않다, 개운치 않다, 개운찮다

괘념하지 않다, 괘념치 않다, 괘념찮다

만만하지 않다, 만만치 않다, 만만찮다

변변하지 않다, 변변치 않다, 변변찮다

석연하지 않다, 석연치 않다, 석연찮다

시원하지 않다, 시원치 않다, 시원찮다

심상하지 않다, 심상치 않다, 심상찮다

온전하지 않다, 온전치 않다, 온전찮다

충분하지 않다, 충분치 않다, 충분찮다

③ 용언의 기본형과 활용형을 제대로 알고 쓰자
비슷하게 생겼지만 뜻은 다른 용언들의 기본형
다르다, 틀리다

'다르다'는 두 대상이 서로 같지 않음을, '틀리다'는 셈이나
사실이 그르게 됨을 의미한다.

성격은 누구나 다를 수밖에 없다.

역시 전문가의 솜씨는 다르네.

맞춤법이 틀렸더라.

틀린 내용을 바로잡아라.

붙이다, 부치다

'붙이다'는 '붙다'의 사동사이다. 따라서 '붙다'의 의미라면 '붙이다'를, 아니라면 '부치다'를 쓴다.

등받이에 몸을 바짝 붙였다. 그에게 경호원을 붙였다.

경매에 부치다. 편지를 부치다. 부채를 부쳤다.

앉히다, 안치다

'앉히다'는 '앉다'의 사동사이며, '안치다'는 식재료를 솥이나 냄비에 넣어 불 위에 올린 것을 의미한다.

밥을 안치는 동안 아이를 거실 소파에 잠시 앉혀 두었다.

댕기다, 땅기다, 당기다

'댕기다'는 불이 옮아 붙거나, 옮겨 붙이는 것을 뜻한다. '땅기다'는 매우 단단하고 팽팽하게 됨을 의미한다. '당기다'는 여러 가지 뜻으로 쓰이기에 예문으로 대신하겠다.

그는 내 승부욕에 불을 댕겼다. 건조해서 피부가 땅긴다.
가을이 되니 자꾸 입맛이 당긴다. 줄이 팽팽해지도록 당겨라.
장마가 일찍 시작된다길래 캠핑 일정을 이번 주로 당겼다.

들어내다, 드러나다

'들어내다'는 물건을 밖으로 옮기거나 사람을 있는 자리에서 쫓아낼 때 쓰는 말이다. '드러나다'는 보이지 않던 것이 보이거나 알려지지 않은 사실이 밝혀지는 것을 의미한다. 종종 '들어나다'라는 표현을 접하는데, 이는 어떠한 맥락에서도 쓰일 수 없는 틀린 표기다.

그가 상의도 없이 가구를 들어낸 사실이 뒤늦게 드러났다.

바라다, 바래다

'바라다'는 생각하고 원하는 대로 이루어지길 소망하는 것을 뜻한다. '바래다'는 볕이나 습기로 인해 색이 변하는 것, 혹은 떠나는 사람을 배웅하는 것을 의미한다.

그저 하루하루 무탈하기만 바랄 뿐이야.

빛이 바랬지만 나한테는 소중한 사진이야.

용언의 기본형에 따라 달라지는 활용형

연달아, 잇달아, 잇따라

연달다(연달아), 잇달다(잇달아, 잇단), 잇따르다(잇따라, 잇

따른)

* '잇달은, 잇딸아, 이따라, 잇딴'은 잘못된 표기

성글은, 성긴

성글다(성글은), 성기다(성긴)

* '성근'은 잘못된 표기

바뀌어, 사귀어

바뀌다(바뀌어), 사귀다(사귀어)

* '바껴, 사겨'는 잘못된 표기

빌려, 빌어

빌리다(빌려), 빌다(빌어)

'빌리다'는 추후 돌려줌을 전제로 남의 것을 얼마간 얻어

쓰는 것을 의미하고, '빌다'는 용서를 구하거나 소망이 이루어지기를 바라는 뜻으로 쓰인다. '이 자리를 빌려 하고픈 말이 있다', '아무리 용서를 빌어도 그의 화는 풀리지 않았다'와 같이 활용한다.

걸맞은, 알맞은

걸맞다(걸맞은), 알맞다(알맞은)
* '걸맞는, 알맞는'은 잘못된 표기

선택하지 않는, 선택하지 않은, 옳지 않은

찾지 않는/은, 가지 않는/은, 먹지 않는/은

슬프지 않은, 힘들지 않은, 적절하지 않은

동사의 어간 뒤에는 어미 '는'과 '은' 모두 올 수 있지만, 형용사 뒤에는 어미 '은'만 붙는다. 동사 뒤에 어미 '는'이 오면 현재, 어미 '은'이 오면 과거를 뜻한다. 반면 형용사 뒤에 붙는 어미 '은'은 현재를 의미한다.

비췄다, 비쳤다, 내비쳤다

비추다(비췄다), 비치다(비쳤다), 내비치다(내비쳤다, 내비

치었다)

* '내비추었다, 내비쳤다'는 잘못된 표기

신기롭다, 신비스럽다

신기하다(신기롭다), 신비하다(신비롭다, 신비스럽다)

* '신기스럽다'는 잘못된 표기

* '신기롭다, 신비롭다, 신비스럽다'는 문법적으로 엄밀히 따졌을 때 '신기하다, 신비하다'의 활용형은 아니다. 모두 개별적인 표준어이나, '신기'와 '신비'라는 단어에서 파생되었으며 의미에 있어서 궤를 함께하기에 편의상 이처럼 정리하였다. 뒤에 오는 '지긋이'와 '반듯이'도 같은 맥락이다.

지긋이, 지그시

'지긋이'는 형용사 '지긋하다'와 함께 '지긋'이라는 어근에서 비롯된 부사이다. '그 손님은 나이가 지긋이 들어 보였다', '종일 지긋이 앉아서 책을 읽었다'와 같이 적는다. '지그시'는 슬며시 힘을 주는 모양을 나타내는 부사로, '눈을 지그시 감았다'처럼 쓴다.

반듯이, 반드시

'반듯이'는 '반듯'이라는 어근에서 비롯된 부사이다. 형용사로는 '반듯하다'라고 적는다. 따라서 '침대에 반듯이 눕다', '모자를 반듯이 썼는데도 자꾸 흘러내린다'처럼 쓴다. '반드시'는

'틀림없이 꼭'이라는 뜻을 지닌 부사다. 그러므로 '약속은 반드시 지켜야 한다'와 같이 적는다.

하므로, 함으로써

나는 매일 운동하므로 체력이 좋다.

나는 매일 운동함으로써 체력을 기르고 있다.

용언 뒤에 오는 어미 '-므로'와 조사 '-ㅁ으로써'는 의미에 따라 구분한다. '-므로'는 까닭을 뜻하며 '-기 때문에'와 같이 해석한다. '-ㅁ으로써'는 수단이나 방법을 의미한다. 주의할 점은 어미 '-므로' 뒤에는 '써'가 붙을 수 없다.

넘어, 너머

'넘어'는 동사 '넘다'의 활용형이며 '너머'는 경계의 저편과 같이 공간적 의미로 쓰이는 명사다. '이 산을 넘어야 강이 보인다', '이 산 너머에는 무엇이 있을까'처럼 활용한다.

이중 피동

이중 피동이란 피동사에 피동 표현을 덧붙인 것을 뜻한다.

'찢겨진 마음'과 같은 표현을 본 적 있을 것이다. 여기서 '찢겨진'이 이중 피동에 해당한다. '찢다'의 피동사 '찢기다'에 '-어지다'라는 피동 표현을 덧대면 '찢겨지다'가 된다. 이중 피동은 올바른 표기가 아니므로 본래의 피동사를 쓰도록 하자. 다만 '밝혀지다'와 '알려지다'는 각각 능동사 '밝히다'와 사동사 '알리다' 뒤에 '-어지다'가 붙은 것으로, 이중 피동에 해당하지 않는다.

다음은 자주 쓰이는 이중 피동과 그에 해당하는 피동사들이다. 괄호 안에 적힌 것이 이중 피동 표현이다.

묻히다(묻혀지다), 보이다(보여지다), 불리다(불리우다), 쓰이다(쓰여지다), 잊히다(잊혀지다), 읽히다(읽혀지다), 잡히다(잡혀지다), 찢기다(찢겨지다)

비슷한 맥락에서 피동 표현 '이'를 잘못 넣은 표현도 함께 알아 두자. 괄호 안에 쓰인 것이 틀린 표기이다.

개다(개이다), 데다(데이다), 메다(메이다), 배다(배이다), 설레다(설레이다), 패다(패이다), 헤매다(헤매이다)

④ 표준어

표준어와 비표준어

표준어	비표준어	비고
개다리소반	개다리밥상	
겸상	맞상	
괴발개발, 개발새발	괴발새발	
금세	금새	금시에(지금 바로)
나무라다	나무래다	
냠냠	얌냠	냠냠대다, 냠냠거리다
녘	녁	동틀 녘, 새벽녘, 들녘
돋치다	돋히다	
따리	또아리	
머리말	머릿말	
며칠	몇일	
무	무우	무말랭이, 무생채
별의별	별에별	
본새	뽄새	
봉숭아, 봉선화	봉숭화	
사달	사단	
생쥐	새앙쥐	
쏜살같이	쏜살로	
아주	영판	
아지랑이	아지랭이	
안절부절못하다	안절부절하다	
애달프다	애닯다	
애당초	애시당초	
어쭙잖다	어줍잖다	
언제나	노다지	

얽히고설키다	얽히고섥히다	
오랜만	오랫만	'오래간만'의 준말
오랫동안	오랜동안	
움큼	웅큼	
주야장천, 장천	주구장창	
쥐락펴락	펴락쥐락	
짓무르다	짓물다	
쪽	짝	이쪽, 저쪽, 아무짝
천장	천정	
통째	통채	통째로
화룡점정	화룡정점	
희로애락	희노애락	

복수 표준어

표준어	비고
가엾다, 가엽다	가엾어/가여워, 가엾은/가여운
거슴츠레하다, 게슴츠레하다	
감감무소식, 감감소식	
곰곰, 곰곰이	
귀퉁머리, 귀퉁배기	'귀퉁이'의 비어
그저께, 그제	
기세부리다, 기세피우다	
길잡이, 길라잡이	'길앞잡이'는 곤충의 이름
꺼림하다, 께름하다	꺼림칙하다, 께름칙하다
널빤지, 널판자	'널판지'는 비표준어
넝쿨, 덩굴	'덩쿨'은 비표준어
눈대중, 눈어림, 눈짐작	

다달이, 매달	
되게, 되우, 된통	
뒷말, 뒷소리	
드문드문, 뜨문뜨문	
들락거리다, 들랑거리다	들락날락, 들랑날랑
딴전, 딴청	
만큼, 만치	
멀찌감치, 멀찌가니, 멀찍이	
메꾸다, 메우다	
모쪼록, 아무쪼록	
무심결, 무심중	
변덕스럽다, 변덕맞다	
보통내기, 여간내기, 예사내기	
불사르다, 사르다	
서럽다, 섧다	
수수깡, 수숫대	
심술꾸러기, 심술쟁이	
씁쓰레하다, 씁쓰름하다	
아래위, 위아래	
아무튼, 어떻든, 어쨌든, 하여튼, 여하튼	
어금버금하다, 어금지금하다	
어림잡다, 어림치다	
어이없다, 어처구니없다	
어저께, 어제	
언덕바지, 언덕배기	
여쭈다, 여쭙다	
여태, 입때	'여직'은 비표준어

여태껏, 이제껏, 입때껏	'여직껏'은 비표준어
역성들다, 역성하다	
예쁘다, 이쁘다	
우레, 천둥	우레 같은 함성, 천둥소리
의심스럽다, 의심쩍다	
일일이, 하나하나	
일찌감치, 일찌거니	
입찬말, 입찬소리	
자장면, 짜장면	
제가끔, 제각기	
좀처럼, 좀체	
쪽, 편	오른쪽, 왼편
차차, 차츰	
척, 체	알은체, 모르는 척, 잘난 체
천연덕스럽다, 천연스럽다	
추어올리다, 추켜올리다, 추켜세우다, 치켜올리다, 치켜세우다	
축가다, 축나다	
한턱내다, 한턱하다	
헷갈리다, 헷갈리다	
혼자되다, 홀로되다	
흠가다, 흠나다, 흠지다	
-다마다, -고말고	
-뜨리다, -트리다	무너뜨리다, 빠트리다
-스레하다, -스름하다	거무스레하다, 발그스름하다

⑤ 외래어 표기법 용례
＊ 괄호 안에 쓰인 것이 잘못된 표기이다.

A

accent — 악센트(액센트)

accessory — 액세서리(악세사리)

ad lib — 애드리브(애드립)

angel — 에인절(엔젤)

antic하다 — 앤틱하다(앤티크하다)

antique — 앤티크(앤틱)

application — 애플리케이션(어플리케이션)

B

balance — 밸런스(발란스)

bariquand — 바리캉(바리깡)

basic — 베이식(베이직)

body — 보디(바디)

bonnet — 보닛(본넷, 본네트)

bowl — 볼(보울)

bridge — 브리지(브릿지)

C

cabinet - 캐비닛(캐비넷)

café - 카페(까페)

cake - 케이크(케익, 케잌)

cameo - 카메오(까메오)

canyon - 캐니언(캐년)

capture - 캡처(캡쳐)

caramel - 캐러멜(카라멜)

caricature - 캐리커처(캐리커쳐)

carol - 캐럴(캐롤)

carpet - 카펫(카페트)

cash - 캐시(캐쉬)

casual - 캐주얼(캐쥬얼)

Catholic - 가톨릭(카톨릭)

central - 센트럴(센트랄)

ceremony - 세리머니(세레머니, 세레모니)

champion - 챔피언(챔피온)

chocolate - 초콜릿(초콜렛)

climax - 클라이맥스(클라이막스)

collaboration － 컬래버레이션(콜라보레이션)

collage － 콜라주(꼴라주)

collection － 컬렉션(콜렉션)

collector － 컬렉터(콜렉터)

college － 칼리지(컬리지)

column － 칼럼(컬럼)

comedy － 코미디(코메디)

complex － 콤플렉스(컴플렉스)

concours － 콩쿠르(콩쿨)

conference － 콘퍼런스(컨퍼런스)

consortium － 컨소시엄(콘소시움, 컨소시움)

contact － 콘택트(컨택트)

contents － 콘텐츠(컨텐츠)

counseling － 카운슬링(카운셀링)

country － 컨트리(컨츄리)

coup d'État － 쿠데타(쿠테타)

crystal － 크리스털(크리스탈)

D

damage – 대미지(데미지)

début – 데뷔(데뷰)

decoration – 데커레이션(데코레이션)

desktop – 데스크톱(데스크탑)

dollar – 달러(달라)

dynamic – 다이내믹(다이나믹)

E

edge – 에지(엣지)

elevator – 엘리베이터(엘레베이터)

encore – 앙코르(앵콜)

endorphin – 엔도르핀(엔돌핀)

enquête – 앙케트(앙케이트)

F

fanfare – 팡파르(팡파레)

fantasy – 판타지(환타지)

festival – 페스티벌(페스티발)

fighting － 파이팅(화이팅)

fitness － 피트니스(휘트니스)

flash － 플래시(플래쉬)

foil － 포일(호일)

fondue － 퐁뒤(퐁듀)

fresh － 프레시(프레쉬, 후레쉬)

front － 프런트(프론트)

frontier － 프런티어(프론티어)

G

gesture － 제스처(제스쳐, 제스춰)

gossip － 가십(가쉽)

gradation － 그러데이션(그라데이션)

graffiti － 그라피티(그래피티)

J

jacket － 재킷(자켓)

juice － 주스(쥬스)

L

laminate – 래미네이트(라미네이트)

leadership – 리더십(리더쉽)

license – 라이선스(라이센스)

linen – 리넨(린넨)

M

mammoth – 매머드(맘모스)

mania – 마니아(매니아)

manual – 매뉴얼(메뉴얼)

marmalade – 마멀레이드(마말레이드)

marshmallow – 마시멜로(마시멜로우)

membership – 멤버십(멤버쉽)

message – 메시지(메세지)

moment – 모멘트(모먼트)

Mustang – 머스탱(무스탕)

mustang – 무스탕(머스탱)

mystery – 미스터리(미스테리)

N

narration – 내레이션(나레이션)

narrator – 내레이터(나레이터)

natural – 내추럴(내츄럴)

neckline – 네크라인(넥라인)

nonsense – 난센스(넌센스)

O

observer – 옵서버(옵저버)

Odyssey – 오디세이(오딧세이)

outlet – 아웃렛(아울렛)

outline – 아우트라인(아웃라인)

P

pamphlet – 팸플릿(팜플렛)

panda – 판다(팬더)

panel – 패널(판넬)

paradox – 패러독스(파라독스)

pierrot – 피에로(삐에로)

placard – 플래카드(플랜카드, 플랭카드, 플랑카드)

platform – 플랫폼(플래폼)

purée – 퓌레(퓨레)

R

rental – 렌털(렌탈)

repertory – 레퍼토리(레파토리)

replica – 레플리카(리플리카)

report – 리포트(레포트)

rhythm and blues – 리듬 앤드 블루스(리듬 앤 브루스)

risotto – 리소토(리조또)

robot – 로봇(로보트)

rock – 록(락)

rock'n'roll – 로큰롤(락앤롤)

royal – 로열(로얄)

rush – 러시(러쉬)

S

sausage – 소시지(소세지)

scene – 신(씬)

schedule – 스케줄(스케쥴)

sentimental – 센티멘털(센티멘탈, 센치멘탈)

shadow – 섀도(섀도우, 쉐도우)

shake – 셰이크(쉐이크)

share – 셰어(쉐어)

shop – 숍(샵)

short – 쇼트(숏)

shot – 숏(쇼트, 샷)

showmanship – 쇼맨십(쇼맨쉽)

sign – 사인(싸인)

situation – 시추에이션(시츄에이션)

slow motion – 슬로 모션(슬로우 모션)

sofa – 소파(쇼파)

solution – 설루션(솔루션)

soul – 솔(소울)

street – 스트리트(스트릿)

suit – 슈트(수트)

symbol – 심벌(심볼)

symposium – 심포지엄(심포지움)

T

talent – 탤런트(탈렌트)

tape – 테이프(테입, 테잎)

target – 타깃(타겟)

television – 텔레비전(텔레비젼)

therapy – 세러피(테라피)

top – 톱(탑)

V ~ Y

vertical – 버티컬(버티칼)

vision – 비전(비젼)

visual – 비주얼(비쥬얼)

vital – 바이털(바이탈)

window – 윈도(윈도우)

yogurt – 요구르트(요거트)

⑥ 문장부호에 관한 몇 가지 도움말

마침표는 문장을 마칠 때 사용한다. 여기까지는 누구나 아는 마침표의 역할이자 사용법이다. 하지만 괄호나 따옴표를 통해 문장 속에 또 하나의 문장이 삽입되는 경우에는 마침표를 어떻게 찍어야 할까? 이처럼 보다 구체적인 상황에서도 당황하지 않고 문장부호를 알맞게 사용할 수 있도록, 자주 쓰이는 부호를 중점으로 몇 가지 도움말을 정리했다.

마침표(온점)

문장부호 중 가장 많이 사용되는 것은 단연 마침표일 테다. 느낌표나 물음표가 쓰이지 않는 모든 문장의 끝에 붙여야 하니 말이다. 하지만 어디에나 예외는 있듯, 마침표가 필요하지 않은 문장도 존재한다.

직접 인용한 문장, 다시 말해 큰따옴표 안에 적힌 문장에는 마침표를 쓰지 않아도 된다. 물론 원칙적으로는 표기해야 하지만 이 경우 생략을 허용하는 것이다. 따라서 아래 두 문장은 모두 맞춤법에 준한다.

『어린 왕자』의 저자 생텍쥐페리는 "계획 없는 목표는 한낱 꿈에 불과하다."라는 말을 남겼다.

『어린 왕자』의 저자 생텍쥐페리는 "계획 없는 목표는 한낱 꿈에 불과하다"라는 말을 남겼다.

큰따옴표와 마찬가지로 괄호 안에 적힌 문장에서도 마침표를 생략할 수 있다. 마침표로 끝맺는 문장 뒤에 괄호를 통해 또 다른 문장을 덧붙이는 때가 이에 해당한다. 본래 괄호 안의 문장에도 마침표나 물음표, 느낌표를 사용한다. 다만 괄호 안의 문장과 괄호가 속한 문장 모두 마침표가 쓰이는 경우, 부호가 중복되기에 괄호 안에선 생략하는 것을 허용한다.

또한 괄호가 포함된 문장에 마침표나 물음표, 느낌표가 쓰일 때 이를 괄호 앞에 붙여야 할지, 뒤에 붙여야 할지 헷갈리기 쉽다. 이럴 때는 괄호에 담긴 내용을 살펴보면 된다. 그 내용이 괄호가 속한 문장을 실질적으로 완성하거나 이해하는 데 도움을 주는 등, 해당 문장의 일부라고 생각된다면 괄호 뒤에 부호를 쓰는 것이 좋다. 시각적으로 사실상 하나의 문장임이 잘 드러나기에 독자가 더욱 편하게 읽고, 이해할 수 있다. 만약 괄호 안의 내용이 그가 속한 문장과 밀접한 관련이 없다면 부호를 괄호 앞에 쓰면 된다. 이때 뒤에 오는 괄호는 앞 문장에 곧장 붙여 쓰지만 출처 표기 등의 내용은 따로 구분하여 띄어 적기를 권한다.

민들레는 얼핏 보아서는 구분하기 어렵지만 사실 여러 종류로 나뉜다(그중 가장 흔하게 보이는 건 서양 민들레이다).

오늘 밤에도 별이 바람에 스치운다. (윤동주의 「서시」 중에서)

줄임표

줄임표는 문장 중간과 끝 모두에 올 수 있다. 먼저 문장을 정확하게 끝맺지 않고 줄임표로 대신할 때는 마침표나 물음표, 느낌표가 줄임표 뒤에 붙어 있는지 확인한다. 줄임표만으로는 문장을 끝낼 수 없기 때문이다. 또 일부 내용을 생략하기 위해 줄임표가 문장 혹은 글 중간에 등장할 때는 두 가지를 점검한다. 줄임표 양옆으로 띄어쓰기가 이루어졌는지, 마침표를 포함한 관련 부호가 쓰이진 않았는지 말이다. 특히 후자의 경우 줄임표 앞에 쉼표를 잘못 붙이는 일이 많으니 유의하여 살핀다. 끝으로 줄임표가 문장 중간에 오든 끝에 오든 편의에 따라 점을 세 개만 써도 되고, 가운데가 아닌 아래쪽으로 표기해도 된다.

빠른 시일 내 결정지을 수만 있다면…….

24절기는 입춘, 우수, 경칩, 춘분, 청명, 곡우 … 입동, 소설, 대설, 동지, 소한, 대한으로 나뉜다.

쉼표(반점)

쉼표는 매력적인 문장부호다. 쉼표 하나만으로 가독성을 높임은 물론이고 문장의 의미와 어감을 더욱 밀도 있게 전달할 수 있으니 말이다. 다음은 쉼표를 보다 효과적으로 활용하는 몇 가지 방법이다.

긴 문장은 짧게 줄이거나, 두 개 이상의 문장으로 나누는 것이 가장 좋다. 하지만 문맥이나 저자의 문체 등을 고려할 때 모든 장문을 그처럼 수정할 수는 없다. 이때 문장의 길이를 조절하지 않고도 가독성을 살리는 가장 효율적인 방법은 쉼표를 활용하는 것이다. 문장을 절 단위로 나눠 그 사이에 쉼표를 넣으면 독자가 문장 구조를 파악하여 더욱 쉽게 읽을 수 있다. 아래와 같이 말이다.

식사 시 지켜야 할 가장 기본적인 예절은 먹을 때 소리를 내지 않는 것이며, 전화 예절 중에서는 전화를 건 사람이 먼저 자신이 누구인지 밝히는 것이다.

쉼표를 사용하여 문장을 짧고 단순하게 만드는 또 다른 방법은 중복된 표현은 생략하고 쉼표로 대신하는 것이다.

나는 창가 좌석에, 친구는 복도 쪽 좌석에 앉았다.

잘못 읽힐 여지가 있는 문장을 정확하게 전달하는 데에도 쉼표가 유용하게 쓰인다. 아래 예문에서 쉼표가 없다면 다짜고짜 화를 내는 주체가 손님이 아닌 점장이라고 오해할 수 있다.

점장은, 다짜고짜 화를 내며 다가오는 손님을 차분하게 응대했다.

지속 가능한 출판을 위한 **교정·교열·윤문의 시작**

그 밖에 글자로는 다 드러내기 힘든 미묘한 어감을 표현하거나 강조할 때에도 쉼표가 도움이 된다. 이 경우 쉼표를 반드시 써야 하는 것은 아니지만, 앞서 말했듯 정확함 그 이상의 밀도 높은 전달을 꾀할 수 있다.

정말이지, 터무니없는 이야기가 아닐 수 없었다.

큰따옴표와 작은따옴표

큰따옴표와 작은따옴표는 다양한 원고에서 생각보다 자주 등장한다. 주로 어떤 문구를 인용하거나 문구 내지는 단어를 강조할 때 쓰이는데, 간혹 이 두 가지를 혼용하는 경우가 있으니 교정 시 주의한다. 각각의 쓰임새를 한눈에 파악할 수 있도록 비슷한 용법끼리 묶어 비교해 보았다.

큰따옴표는 직접 대화를 표시할 때 사용하고, 작은따옴표는 마음속으로 말한 것을 나타낼 때 쓴다.

"그 일은 어떻게 됐어?" "다행히 잘 해결됐어."

당시 그는 마음속으로 '한 번만 기회를 주세요.'라고 끊임없이 기도했다.

큰따옴표는 무언가를 직접 인용할 때 쓰고, 작은따옴표는 그 인용구 안에 또 다른 인용구를 넣을 때 사용한다.

너무 걱정하지 말고 일단 할 수 있는 데까지 최선을 다해 봐. "지성이면 감천"이라는 말도 있잖아.

너도나도 앞다투어 의견을 제시하자 그가 조용히 일어서더니 이렇게 말했다. "이 일을 가장 잘 아는 사람이 결정하는 게 어떨까. '사공이 많으면 배가 산으로 간다.'고 하잖아."

한편, 어떤 문구나 단어를 강조할 때는 작은따옴표만 사용한다. 이때 큰따옴표를 사용하는 경우를 자주 접하는데, 모두 잘못된 표기이다.

그것은 분명 '실수'가 아닌 '고의'였다.

쌍점

쌍점도 잘못 표기되는 경우가 꽤 많은데, 다른 문장부호에 비해 사소한 듯 잘 드러나지 않아 놓치기 쉽다. 쌍점이 사용된 부분에서 확인할 점은 한 가지, 띄어쓰기이다. 경우에 따라 쌍점의 앞뒤를 모두 붙이거나 앞은 붙이되 뒤는 띄워야 한다. 다만 쌍점의 앞뒤를 모두 띄우는 일은 어떠한 경우에도 해당되지 않는다.

쌍점의 앞뒤를 모두 붙이는 경우

시와 분, 장과 절, 조와 항 등을 나타낼 때

오후 8시 30분 → 오후 8:30

마태복음 6장 27절 → 마태복음 6:27

「환경정책기본법」 제2조 제1항 → 「환경정책기본법」 2:1

대비나 대립을 나타내는 의존명사 '대'를 대신할 때

6 대 4 → 6:4

이성 대 감성 → 이성:감성

| 쌍점의 앞은 붙이고 뒤는 띄우는 경우

표제를 두고 그에 대한 내용을 기입할 때

사계절 : 봄, 여름, 가을, 겨울

우리말은 다채로운 표현이 가능하다는 점에서 참 매력적이다.(예 : 빨갛다, 붉다, 불그스름하다, 불그죽죽하다)

2) 편제와 번호 체계

글자 범위에서는 또 무엇을 교정해야 할까? 지금까지 살펴본 맞춤법 외에 딱히 떠오르는 것이 없다면 이 부분을 더욱 주의 깊게 읽길 권한다. 맞춤법 이전에 확인할 사항이 있기 때문이다. 바로 목차이다. 목차는 교정자가 처음으로 원고에 직접적인 수정을 가하는 부분이다(14쪽 참고). 예컨대 분량이 부족할 경우 저자에게 재고를 요청할 뿐, 임의로 내용을 늘릴 수는 없지 않은가. 하지만 목차의 편제와 번호 체계에 문제가 있다면 저자와의 소통 하에 교정자가 정정한다.

편제와 번호 체계는 다음과 같은 순서로 정렬한다.

편 PART 1·2·3

장 CHAPTER 01·02·03

절 1·2·3

번호 체계 (1)·(2)·(3), 1)·2)·3), ①·②·③, 가·나·다

원고 구성에 따라 번호 체계의 끄트머리 순서는 생략할 수 있다. 또한 편·장·절의 '장'에서 'CHAPTER'는 생략하고 아라비아 숫자만 기입하는 경우도 있다. 여기서 이상을 발견한다면 저자와 의논하여 수정한다. 이후에 진행되는 본문 교정에서는 저자와 협의할 부분이 거의 없지만 목차는 책의 골조와 같기에 교정자가 임의로 고쳐서는 안 된다.

위와 같은 방식으로 목차를 정리하고 나면 이제 목차와 본문의 편제 및 번호 체계가 일치하는지 대조한다. 저자는 계획했던 원고의 방향과 갈래를 구체화하는 집필 과정에서 목차의 일부를 변경하기도 한다. 내용을 보충하면서 새로운 순서를 추가하거나, 막상 쓰다 보니 불필요하다고 느껴지는 부분은 제하면서 기존의 순서를 삭제하기도 한다. 또 번호 체계를 뒤바꾸기도 한다. 혹은 본문 구성에는 변화가 없지만 해당 내용에 더욱 적합한 표현으로 제목을 수정하는 경우도 있다. 이는 지극히 자연스러운 현상이다. 다만 교정자는 저자의 집

필 도중 수정된 부분들이 목차에 빠짐없이 반영되었는지 놓치지 말아야 할 뿐이다.

(2) 책의 성격에 따라 허용되는 예외

1) 공식적 허용 사항

다소 어렵고 헷갈리더라도 맞춤법을 지켜야 하는 이유는 표현에 일정한 양식이 필요하기 때문일 테다. 편의에 따라 하나둘씩 예외를 만들면 결국 글을 쓰는 사람도, 읽는 사람도 모두 혼란에 빠지고 말 것이다. 그럼에도 유독 상세한 예외 규정이 마련된 표기법이 있다. 띄어쓰기다. 띄어쓰기의 가장 큰 목적은 가독성에 있다. 그래서 아이러니하게도 가독성을 위해 꽤 많은 부분에서 붙여쓰기를 허용한다. 이러한 예외 규정은 전문 용어가 자주 등장하는 원고를 작업할 때 더욱 유용하다. 다만 띄어쓰기와 붙여쓰기가 모두 가능한 특정 표현이 반복되는 경우, 한 가지 방식으로 표기하기를 권한다. 예를 들어 '음운변화'라고 적었다가 '음운 변화'라고도 쓰면 외려 읽기에 불편함을 더할 것이다. 필자 또한 본래 띄어 적지만 붙여 씀을 허용하는 말 '의존 명사'를 이 책에서 줄곧 '의존명사'라고 일관되게 표기하고 있다.

① **전문 용어**

단어별로 띄어쓰기를 원칙으로 하되, 붙여 적는 것도 허용된다.

갑상선 자극 호르몬 → 갑상선자극호르몬

사회 발전 단계설 → 사회발전단계설

시장 이론 → 시장이론

외교 정책 → 외교정책

지구 온난화 → 지구온난화

최저 생활비 → 최저생활비

② **고유명사**

성명을 제외한 고유명사도 본래 단어별로 띄어 적어야 하지만 붙여 쓸 수 있다. 그중 자수가 많아 몽땅 붙여 쓰면 외려 읽기 힘든 경우, 단위별로 띄어 적는다.

국립 민속 박물관 → 국립민속박물관

부처님 오신 날 → 부처님오신날

올림픽 공원 → 올림픽공원

국립 중앙 도서관 지식 정보 관리부 국가 서지과

→ 국립중앙도서관 지식정보관리부 국가서지과

간혹 고유명사 사이에 '부설(附設), 부속(附屬), 산하(傘下), 직속(直屬)' 등의 단어가 오는 일이 있다. 이들은 고유명사가 아니기에 앞뒤 말과 띄우도록 한다.

하동 녹차 연구소 부설 친환경 인증 센터

→ 하동녹차연구소 부설 친환경인증센터

이때 교육 기관에 딸린 학교와 병원은 붙여 쓰는 것이 허용된다. '부속 초등학교, 부속 중학교, 부속 고등학교, 부속 병원'이 그 예이다.

고려 대학교 사범 대학 부속 고등학교

→ 고려대학교 사범대학 부속고등학교

인하 대학교 의과 대학 부속 병원

→ 인하대학교 의과대학 부속병원

한편, 단어가 둘 이상 결합된 고유명사 중에는 언제나 붙여
써야만 하는 것들도 있다. 산 이름, 산맥 이름, 고원 이름, 평
야 이름, 강 이름이 그러하다. 이들은 합성어이므로 띄어 적
지 않는다.

한라산, 태백산맥, 개마고원, 호남평야, 압록강

③ 세 개 이상 나란히 오는 단음절 단어

단음절 단어가 세 개 이상 나란히 오는 경우, 원칙대로라면
단어별로 띄어 써야 하지만 의미 단위에 따라 두 음절씩 붙
여 적는 것이 허용된다. 예를 들어 '차 한 잔'을 '차 한잔'으로
적는 것은 가능하지만, '차한 잔'으로 쓸 수는 없다.

숙소에 도착하여 이 방 저 방 둘러보았다.

→ 숙소에 도착하여 이방 저방 둘러보았다.

직장에서 좀 더 먼 곳으로 이사가게 되었다.

→ 직장에서 좀더 먼곳으로 이사가게 되었다.

2) 비공식적 허용 사항

방금 본 것처럼 단음절 단어 여러 개가 연달아 오는 경우를 제외하면 단위 명사는 앞말과 붙여 쓸 수 없다. 화폐 단위를 나타내는 의존명사 '원'도 예외는 아니지만, 도서 특성에 따라 '백만원'과 같이 붙여 적기도 한다.

경제·금융·세무회계 관련 도서의 본문에는 금액을 기재하는 일이 매우 많다. 경우에 따라 내용의 상당 부분을 차지한다고도 말할 수 있다. 심지어 금액만 몇 줄씩 내리 나열되는 부분도 부지기수로 발견된다. 이처럼 특수한 상황에서는 가독성을 높이기 위해 출판사(편집장)와 협의하여 화폐 단위 '원'을 앞말에 붙인다. 다만 맞춤법의 관점에서는 잘못된 표기이기에, 독자가 오해하지 않도록 책머리의 '일러두기'를 통해 안내한다.

2. 글 : 내용 교정

활자에는 말과 또 다른 묘한 힘이 실린다. 역할을 막론하고 책을 만드는 사람은 언제나 이를 염두에 두어야 한다. 여기서 교정자의 할 일은 저자의 조력자로서 그가 미처 생각하지 못한 오류까지도 발견하여 온전한 책이 되도록 힘을 더하는 것이다. 따라서 교정 작업이 맞춤법을 확인하는 정도에서 그친다고 생각하면 곤란하다. 글의 형태뿐 아니라 내용에도 최소한의 교정이 필요하다.

내용 교정이란 본문에 담긴 객관적 정보에 대한 사실 여부를 확인하는 작업을 뜻한다. 역사적 사건이나 인물 혹은 지명에 대한 언급, 통계 자료의 등장은 그런 확인이 필요한 대표적 경우이다. 특히 통계 자료는 내용과 함께 제작 시기까지 검토한다. 너무 오래된 자료라면 저자에게 최근 것으로의 수정을 요청한다. 또 개정의 여지가 있는 법조문이나 판례가 근거로 쓰였다면 이 또한 법제처에 접속하여 찾아본다. 지금은 삭제되고 없는 법조문이 사용되었거나 판례 번호와 내용이 일치하지 않는 일이 종종 있다. 보통 후자는 저자가 판례를 원고로 데려오는 과정에서 다른 판례와 뒤섞이며 발생되는 오류이다.

다른 실례를 하나 들자면, 도서 특성상 수식이 자주 나오는 원고를 예전에 맡은 적이 있다. 수식은 지명이나 통계 자료

와는 다소 성격이 달라 검토하면서 애를 좀 먹었다. 해당 분야에 대한 전문성을 요하는 자료이기에 교정자가 오류를 짚어 내기 어렵기 때문이다. 일차적으로, 교정자의 작업 영역을 벗어난 원고 요소는 저자의 몫이기도 하고. 따라서 필자 역시 그런 부분까지 교정자가 점검해야 할 의무는 없다고 생각한다. 하지만 동시에 한 권의 책이 만들어지는 데 참여한 모두에게는 그 책에 대한 연대 책임이 주어진다고 믿는다. 당시에도 이러한 나름의 신념으로 본문뿐만 아니라 수식까지도 샅샅이 살폈고, 몇 가지 틀린 수식을 잡아내었다. 학창 시절 그야말로 문과형 학생이었지만 마음을 실으니 문제점이 눈에 들어왔다.

판단은 각자의 몫이다. 가정조차 하기 싫지만, 책에 문제가 생겼을 때 독자는 교정자가 아닌 출판사와 저자를 찾는다. 하지만 이미 스스로 알고 있지 않은가. 본인이 최선을 다했는지 아닌지를. 무엇보다 자신을 위해 마음을 담아 교정에 임했으면 좋겠다. 원고는 공을 들인 만큼 티가 난다. 본인의 경쟁력이 높아지는 것은 덤이다.

— 03 —

편집 디자이너를
믿지 마세요

감리와 교정을 마친 원고는 편집 디자인에 들어간다. 편집 디자인은 일반적으로 지면 교정 두 차례와 PDF 교정 두 차례를 거친 후 인쇄소에서 보내 주는 리핑 파일을 감리하는 것으로 마무리된다. 이때 필자의 경우 PDF 교정 단계에서 파일을 요청하여 2차 원고 교정을 시작한다.

직전 내용의 제목이 '원고 교정, 어디서부터 어디까지'였다. 앞서 살펴본 1차 교정만 마치더라도 책이 출간되기까지 더 이상 원고에서 발생하는 문제는 없을 거라고 느껴지리라. 하지만 방심한 이때 변수가 모습을 드러낸다. '어디'라는 단어로 비워 두었던 제목 속 공란을 채울 시점이 된 것이다. 진정한 원고 교정은 1차 교정부터 2차 교정까지 아우른다. 교정자가 작업이 끝났다고 스스로 확신할 수 있는 지점은 2차 교정을 마친 후여야 한다. 아무리 철저하게 교정했어도 이후 편집 디자인 과정에서 원고가 잘못 앉혀지면 그 노력이 수포로 돌아가기 때문이다. 방금 언급한 변수가 이에 해당한다.

편집 디자인은 보통 교정자로부터 전달받은 원고에 스타일을 적용하는 방식으로 진행된다. 표제, 도비라, 편제, 본문, 부연 설명, 각주 등 원고의 구성 요소에 따라 각기 다른 스타일을 적용하는 것이다. 하지만 간혹 원고의 매 부분에 맞는 스타일을 일일이 적용하는 대신 해당 스타일을 입힌 원고 일부를 복사하는 방식으로 작업하는 경우가 있다. 즉 스타일 자체를 복사하는 것이다.

디자이너들이 이와 같은 방법을 택하는 이유는 작업 과정이 단순해져 한결 빠르게 진행되기 때문이다. 바로 이 지점에서 교정자는 원고가 제대로 반영되지 않는 편집 사고가 일어날 수 있음을 알아 두어야 한다. 스타일을 복사하는 편집 방식에는 치명적인 부작용이 뒤따를 확률이 높다. 스타일을 데려오기 위해 복사한 문구는 지우고, 해당 자리에 맞는 본래의 원고 내용을 삽입해야 하는데 이러한 마무리 작업을 깜

빡하고 지나치는 실수가 꽤 빈번하게 발견된다. 이때 짧게는 문장, 길게는 문단 단위로 원고가 누락되거나 중복되고, 혹은 엉뚱한 위치에서 발견되기도 한다.

다시 떠올려도 머리털이 곤두설 정도로 아찔하다. 눈치챘겠지만 모두 내가 직접 겪어 본 상황이다. 실제 사례를 공유하는 까닭은 그만큼 책이 나오기까지 다양한 시행착오가 생길 수 있음을 알리기 위함이다. 더욱이 언급한 예시들은 경험해 보기 전에는 미처 짐작하기조차 힘든 부분이다. 위와 같은 일을 여러 번 겪으며 경우에 따라 두 가지 원고를 대조하는 습관을 들였다. 1차 교정 원고와 2차 교정 원고, 즉 편집 디자인을 거친 PDF상의 원고를 동시에 한 줄씩 읽으며 내용이 일치하는지 확인한다. 꽤 많은 시간과 노력이 요구되는지라 그리 추천하고 싶지는 않다만 동시에 한 치의 오차도 남기지 않는 가장 확실한 방법이기도 하다.

그 밖에도 교정자가 원고를 손에서 떠나보낸 후 맞닥뜨릴 수 있는 돌발 상황은 매우 다양하다. 하지만 그 모든 경우의 수를 외우진 못할 것이다. 그럴 필요도 없고. 중요한 건 경우의 수라는 존재에 대한 인지다. "아는 만큼 보인다"는 말은 원고 교정에도 적용된다. 2차 교정 시 편집 과정에서 틀어진 부분이 나올 수 있음을 감안하고 보는 것과 편집 디자이너만 믿고 별 문제 없으리라 막연히 짐작하며 보는 것에는 분명한 차이가 있다. 아, 여기에 믿지 말아야 할 한 사람을 추가한다면 더욱 좋겠다. 바로 교정자 자신이다. 감리와 1차 교정을 거쳐 원고가 눈에 익은 상태이기에 자신도 모르게 흘려 읽을 수 있다.

본문을 꼼꼼히 검토한 후에는 본문을 제외한 원고에 문제가 없는지 훑어보아야 한다. 사진이나 도표 등 자료에 대한 짧은 부연 설명은 디자이너가 원고를 보며 직접 입력하는 경우가 있는데 종종 오탈자가 발견되니 역시 유의하여 살핀다. 특히 한 지면에 여러 개의 자료가 실릴 때 부연 설명은 한두 단어로 그칠 수 있다. 이처럼 자료 아래에 작게 붙는 간단한 원고는 얼핏 해당 자료의 일부처럼 보여 지나치기 쉽다. 또한 편집 디자인을 통해 각 지면 위아래에 실리는 하시라(도서명과 편제)가 해당 지면의 원고 내용과 일치하는지도 확인한다.

여기까지 했다면 2차 교정의 90%를 마친 셈이다. 나머지 10%는 표지를 검토하며 채운다. 표지에서는 세 가지 기본 요소를 먼저 확인한다. 표제, 저자명, 출판사명이다. 표1(앞표지)뿐만 아니라 세네카(책등)에도 잘 기재되어 있는지 살핀다. 그 다음으로 중요한 것은 표4(뒤표지)의 바코드와 책값이다. 문제가 없다면 서브 카피와 추천사, 책날개의 저자 소개 등을 확인한다. 추천사가 실리는 경우 존중을 표하는 뜻으로 교정은 최소한의 맞춤법을 살피는 선에서 끝낸다. 더욱 꼼꼼히 보아야 하는 건 추천사를 보내 주신 분의 성함이다. 성함에 오탈자가 없는지 반드시 짚고 넘어가도록 한다.

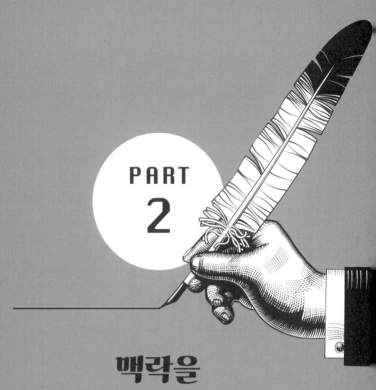

PART
2

맥락을
바로잡는 교열

문장에서 문단으로
바로잡아 가는 교열

교정과 교열을 굳이 나누는 이유는 깊이와 범위의 차이에 있겠다. 우선 각각의 사전적 의미를 보면 교정은 틀어지거나 잘못된 부분을 바로잡는 것이며, 교열은 문서나 원고를 읽으면서 잘못된 곳을 고쳐 나가는 작업을 뜻한다. 각 작업에 대한 정의에서 짐작할 수 있듯 교열은 교정의 일차적인 오류를 정정하는 것을 아울러 문장에서 문단으로, 한 지면과 책 한 권으로 확장시켜 보아야 한다.

02

문장 다듬기의
최소한도

1. 덜어 낼 때 비로소 보이는 문장 : 장문은 단문으로

문장을 다듬을 때 가장 먼저 해야 할 일은 길이 조절이다. 두 줄이 넘는 문장을 한 줄 분량으로 줄이거나, 두 문장으로 나누는 것이 교열의 시작이다. 모든 일이 그렇듯, 원고 교열도 첫 단추를 잘 끼우면 나머지 작업은 무척 수월해진다. 특히 바로 뒤에 오는 내용인 종결 어미의 통일과 문장 성분의 호응 문제는 덩달아 해결된다고 보아도 무방하다.

장문을 단문으로 만드는 이유는 무엇보다도 직관적인 전달력을 높이기 위함이다. 말도 끊임없이 하다 보면 어느 순간

무얼 말하고 있었는지, 왜 이 이야기를 꺼냈는지 잊어버릴 때가 있다. 글도 다를 바 없다. 문장이 길어질수록 집필자부터 맥락을 놓치기 쉽다. 실제로 많은 저자들이 만연체를 구사한다. 물론 저자 입장에서는 그럴 수밖에 없다. 핵심을 강조해야 하고, 또 그를 위해 당위성을 부여하는 과정이 존재하기 때문이다. 그렇기에 객관적인 입장의 교열자가 필요하다. 문장 압축이 필요한 상황은 여러 가지가 있지만, 여기서는 메시지를 강조하는 가운데 생기는 오류에 집중해 보자.

 '역전 앞'은 동일한 의미를 지닌 말이 중첩되어 나타나는 대표적인 예이다. 원고를 읽다 보면 나도 모르게 몸에 힘이 들어가는 순간이 있다. '역전 앞'과 같이 필요 이상의 힘을 준 표현을 만나는 경우가 그렇다. 이런 상황에서는 냉정하게 '역전'과 '역 앞' 중 하나를 택해야 한다.

 너의 내면 (안)을 가만히 들여다보렴.
 (미리) 예약하지 않으면 자리가 없을 거야.
 (가장) 최선의 방법은 무엇일까.
 그곳은 (꼭) 반드시 가 보아야 할 여행지로 선정되었다.

이 살충제로 집에 있는 벌레를 (모조리) 박멸했다.

2. 끝맺음이 일정한 문장들 : 종결 어미 통일하기

오늘 날씨가 맑길래 산책을 오래 했습니다. 발이 좀 아프긴 한데, 기분만은 상쾌했다.

두 문장을 연달아 읽었을 때 어색한 부분이 있다면 어디인가? 앞 문장의 '했습니다'와 뒤 문장의 '했다'일 것이다. 이처럼 문장 간 종결 어미가 일치하지 않는 경우를 어쩌다 한 번씩 발견한다. 보통 이런 오류는 본문 전체에서 한두 군데 정도로 그치기에 줄곧 사용되던 종결 어미에 맞춰 수정하면 된다. 다만 드물게 서로 다른 종결 어미가 비슷한 비중으로 혼용된 원고를 받기도 한다. 이때는 저자와 상의하여 하나의 표현으로 통일한다.

3. 시작과 끝이 들어맞는 문장 : 문장 성분의 호응

문장 성분의 호응이란 문장을 이루는 주어와 서술어, 목적어와 서술어처럼 관계되는 성분끼리 같은 맥락을 함께하는 것이다.

(1) 주어와 서술어의 호응

문장 성분의 호응이 가장 빈번하게 지켜지지 않는 경우를 꼽으라면 주어와 서술어 간의 호응이다. 보통 장문에서 많이 발생되는 오류인데, 이는 두 가지 경우로 나눌 수 있다. 주어가 하나인 문장과 두 개인 문장은 각각 조금 다른 각도로 살펴보아야 한다. 먼저 주어가 하나인 문장은 서술어와 맥락이 일치하는지 확인하는 것에서 끝난다. 문제는 주어가 두 번 들어가는 문장이다. 첫 번째 주어와 이어지는 서술어가 누락되는 일이 많기 때문이다. 이 경우 첫 번째 주어와 어울리는 표현을 넣어 준 후, 두 번째 주어와 서술어를 묶어서 확인한다.

그 영화가 인상 깊었던 이유는 색감이 참 아름답다.
→ 그 영화가 인상 깊었던 이유는 색감이 참 아름다웠기 때문이다.

가을이 되니 나무마다 단풍과 열매가 맺혔다.

→ 가을이 되니 나무마다 단풍이 들고 열매가 맺혔다.

(2) 목적어와 서술어의 호응

목적어도 주어와 마찬가지로 한 문장에 여러 번 나올 수 있다.

그는 날마다 아침이면 음악을, 저녁에는 뉴스를 본다.
→ 그는 날마다 아침이면 음악을 듣고, 저녁에는 뉴스를 본다.

(3) 부사어와 서술어의 호응

부사어는 저마다 지닌 의미에 따라, 뒤에 오는 서술어의 내용을 한정한다. 그러므로 부사어와 서술어 간에도 의미가 상통할 수 있도록 신경 써야 한다.

어른은 모름지기 아이를 배려한다.
→ 어른은 모름지기 아이를 배려해야 한다.

나는 그 이론에 절대로 동의한다.

→ 나는 그 이론에 절대로 동의할 수 없다.

4. 표현이 일정한 문장 : 일관된 용어 사용하기

글을 쓸 때 표현을 다채롭게 하라는 말은 자주 들어 보았을 것이다. 지루함을 피하면서 보다 세밀한 의미 전달에 효과적이기 때문이다. 예컨대 '맛있다'는 표현을 여러 번 구사해야할 때 '맛깔난다', '맛스럽다'라고도 적는 까닭이 여기 있다. 하지만 때로는 표현을 일정하게 유지할 필요도 있다. 실용서에 등장하는 전문 용어가 이에 해당한다.

인쇄 전문가가 원고를 집필한다고 가정해 보자. 인쇄를 하려면 먼저 인쇄판을 만드는 제판 작업을 거쳐야 한다. 이때 '오프셋'이라는 방식으로 인쇄할 경우 그에 맞는 인쇄판인 '피에스 판(PS판)'을 준비한다. 이 지점에서, 피에스 판에 대한 설명이 이어질 때 저자는 '피에스 판'이라고만 지칭해야 한다. '인쇄판'으로 기재해도 의미가 달라지지는 않지만, 그 뜻을 전달하는 데는 문제가 생길 수 있다. 더욱이 예시처럼 한 단어가 다른 단어의 뜻을 포함하는 상위 개념일 때, 용어 사용에 더욱 신중해야 한다. 피에스 판에 대해 한참 말하던 중에 인쇄판이라는 용어를 섞어 쓰면, 인쇄판 자체에 대한 이야기라고 오해할 수 있기 때문이다. 따라서 낯선 개념을 접한 독자의 정확한 이해를 돕기 위해서는 용어를 일관성 있게 사용해야 한다. 당장 이 책에도 '관형사형'과 '관형형'이 같은 말이지만 '관형사형'이라는 형태로만 기재되어 있다.

혹은 '비상대책위원회'를 '비대위'라고 줄여 쓰는 것처럼, 준말이 있는 단어라면 처음에는 단어 원형을 그대로 기재한다. 대신 괄호나 각주를 달아 이후로는 준말로 쓸 것을 밝히고 그 뒤부터 계속 준말만 사용하는 방법도 있다.

5. 말과 글의 단위 : 구어체를 문어체로

구어체는 평소 입 밖으로 편하게 내는 말투를 글로 옮긴 문체이다. 반면 문어체는 실제 대화에서는 잘 사용되지 않고 주로 글에서만 쓰이는 문체이다. 문어체에 비해 구어체는 아무래도 입말을 그대로 따른 거라 쉽게 읽히고, 친근감을 주어 몰입이 잘된다는 장점이 있다. 하지만 그 장점이 글의 신뢰와 격식을 떨어트린다는 단점으로 돌아오기도 하니 전면적으로 사용하기에는 무리가 있다.

현재 구어체와 문어체를 구별하는 뚜렷한 기준은 없지만 어감에 따라 아래와 같이 나누어 볼 수 있다.

구어체

관형사 '뭔'

의존명사 '거(이거, 저거, 별거, 겁니다, 그런 게 아니다)'

조사 'ㄴ, 하고, 이랑/랑, 을랑/ㄹ랑, 보고, 한테, 한테로, 한테서'

문어체

관형사 '무슨'

의존명사 '것(이것, 저것, 별것, 것입니다, 그런 것이 아니다)'

조사 '는, 와/과, 든, 에게, 에게로, 에게서'

예문

<u>뭔</u> 뜻인지 하나도 모르겠다.

<u>무슨</u> 뜻인지 하나도 모르겠다.

<u>이러다간</u> 정말 큰일 나겠다.

이러다가는 정말 큰일 나겠다.

나는 봄하고/이랑 가을을 좋아해.

나는 봄과 가을을 좋아해.

집에 도착하거들랑 저녁부터 챙겨 먹어라.

집에 도착하거든 저녁부터 챙겨 먹어라.

누가 어린 아이한테/보고 그런 말을 쓰니.

누가 어린 아이에게 그런 말을 쓰니.

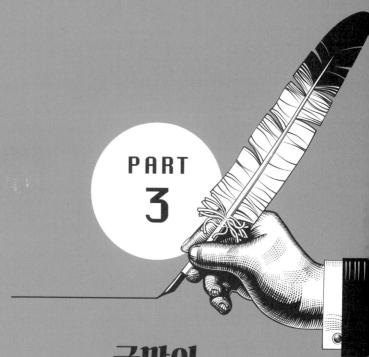

PART
3

글맛이
살아 있는 운문

01

'본문에 앞서'

1. 윤문의 0원칙 : 일단 끝까지 읽자

교정·교열과 윤문의 차이

윤문은 앞서 살펴본 교정·교열과 마찬가지로 문장을 다듬는 작업이라는 동일 선상에 있지만, 가까이 들여다보면 그 결이 조금은 다름을 알 수 있다.

윤문에는 준비 운동이 필요하다. 일단 끝까지 원고를 읽는 것이다. 물론 교정·교열에도 문맥 파악이 요구된다. 차이가 있다면 파악해야 하는 문맥의 범위이다. 웬만한 교정·교열은 짧게는 앞뒤 문장, 길게는 그 문장이 속한 문단 정도만 읽어도 가능하다. 윤문과의 경중을 가려 적당히 속전속결로 해치우자는 게 아니라, 애초 윤문과 교정·교열의 목적이 다르기 때문에 가능한 일이다.

교정·교열의 목적은 가독성을 높여 저자가 말하고자 하는 바를 명료하게 만드는 데 있다. 즉, 이것만으로는 원고 내용을 흔들 수 없다. 하지만 윤문은 때때로 내용에 개입한다. 윤문의 존재 이유는 저자가 아닌 독자에 있기 때문이다. 원고 편집 일을 하며 적어도 한 번은 저자로부터 항의를 받는데, 바로 이 지점에서다.

시작보다 중요한 방향성 잡기

윤문을 시작할 때는 이미 원고가 통째로 머리에 입력된 상태여야 한다. 원고 파일을 처음 열 때 윤문자의 손은 키보드로 향하면 안 된다. 아니, 향할 일이 없다. 그저 마우스 휠만 아래로 굴리면서 저자의 집필 의도와 화법, 그에 따른 문장의 속성을 먼저 파악한다. 원고의 첫 문장부터 마지막 문장에 이르기까지 일정한 방향성을 지키기 위함이다. 원고 파악을 마치면 그제야 타이핑을 시작한다. 급한 마음에 원고를 접하자마자 문장 단위로 다듬어 내려가다 보면 갈피를 잃기

쉽다. 뒤에서 자세히 설명하겠지만, 윤문은 교정·교열과 달리 명확한 안내선이 없다. 따라서 한 번 맥락을 놓치면 어디를 얼마나, 어떻게 매만져야 하는지 결정하는 판단력도 덩달아 무너져 버린다.

2. 윤문의 시작과 끝 : 기획 의도 사수하기

교정 감리와 윤문 감리의 차이

교정 파트의 서문에서 언급한 원고 편집의 미덕이 무엇인지 기억하는가? 맞다. 저자와의 밀고 당기기다. 원고 편집의 전 과정에 걸쳐 요구되는 이 완급 조절은 무엇보다 윤문 작업에서 가장 면밀하게, 그리고 끊임없이 이루어진다.

윤문도 교정과 마찬가지로 본격적인 작업에 들어가기 전 원고 감리부터 진행한다. 윤문을 위한 감리를 진행할 때는 검토 사항이 하나 추가된다.

① 기획한 쪽수에 준하는 분량인가?
② 누락된 목차는 없는가?

③ 목차의 편제 및 번호 체계는 올바른가?

④ 목차와 본문 간의 편제 및 번호 체계가 일치하는가?

⑤ 목차에 맞게 본문이 구성되었는가?

⑥ 기획 의도에 준하는 본문과 목차인가?

⑦ 사진·도표·예제 등의 자료는 원고 사양에 충족하는가?

기획 의도에 맞게 집필되었는지도 확인하는 것이다. 책으로 출간되는 모든 원고는 기본적인 교정·교열을 거치지만 윤문은 다르다. 윤문의 진행 여부는 도서 분야나 저자에 따라 결정된다. 교정·교열이 기본 단계라면 윤문은 심화 단계에 해당한다. 교정·교열 단계에서 원고 편집을 끝내는 경우, 각각의 편제에서 벗어난 내용이 없는지 짚고 넘어가는 정도의 감리면 충분하다.

하지만 윤문을 염두에 두었다면 보다 거시적인 관점으로 원고를 바라볼 필요가 있다. 먼저 교정을 할 때와 마찬가지로 분량을 확인한다. 이상이 없다면 구체적인 내용 감리에 돌입한다. 출판사와 저자가 협의하고 기획한 대로 집필되었는지 찬찬히 살피는 것이다. 빠듯한 출간 일정에 내몰렸다고 해서 원고를 받자마자 내용도 파악하기 전에 눈에 쉽게 띄는 형식상의 오류부터 확인하다가는 가장 중요한 문제점을 놓칠 수도 있다. 이렇게 되면 최악의 경우 뒤늦게 저자로부터 수정된 원고를 받아 윤문을 처음부터 다시 해야 한다. 출간 일정 또한 자연히 늦춰질 것이다. 상황에 따른 유연한 태도도 필요하지만 원고 편집을 할 때만큼은 '일단'이라는 전제를 무기 삼아 무리하게 밀어붙이지 않으려 한다. 얼핏 더딘 것 같아도 순서대로 진행하는 것이 결국에는 가장 효율적이고 빠른 방법이다.

윤문을 위한 감리 ⑥-1. 기획 의도에 준하는 본문인가?

엄밀히 따졌을 때 해당 편제에서 벗어나지는 않았다만 기획 의도의 명료성을 분산시키는 내용이 있다면 과감하게 걸러 내야 한다. 이러한 곁가지는 실용서를 목적으로 한 원고에서 자주 발견된다. 저자 스스로 중요하다고 생각하는 부분에 보충 설명을 덧붙이는 과정에서 논지가 매몰되는 경우가 대표적이다. 물론 풍부한 설명과 자료로 내용을 보강하는 것 자체에는 아무런 문제가 없다. 다만 필요 이상으로 주제를 심화하고 확장시킨다면 외려 독이 될 뿐임을 말하는 것이다. 예컨대 '빨갛고 맛있는 사과'를 설명하기 위해 뉴턴의 만유인력의 법칙까지 등장한다면 그 부분은 정리하는 게 맞다. 이처럼 윤문자는 원고의 전체적인 맥락과 세부 내용이 모두 기획 의도에 준하는지 꼼꼼하게 보아야 한다.

윤문을 위한 감리 ⑥-2. 기획 의도에 준하는 목차인가?

목차 면을 펼쳐 보았을 때 다시 그대로 덮어 제자리에 두는 책이 있고, 본문까지 마저 읽게 되는 책이 있다. 왜일까. 목차 만으로도 잘 만든 책인지, 읽어 볼 만한 가치가 있을지 가늠할 수 있기 때문이다. 이것이 윤문자가 목차의 구성까지도 감리해야 하는 이유이다. 기획 의도에 알맞은 구성인지 판단하기 위해서는 다음의 두 가지 사항을 확인하면 된다.

첫째, 기획 의도에서 벗어난 목차가 있는가?
둘째, 목차의 체계가 올바른가?

교정에서는 목차의 형식을 중점으로 보기에, 이 부분에 오류가 있을 경우 저자와 소통하여 해결하면 된다. 하지만 위의 첫째 사항과 같은 경우에는 편집장에게 먼저 상황을 알린 후 저자와의 협의를 진행한다. 다음으로 목차의 체계가 올바르다는 것이 구체적으로 어떤 의미인지 알아보자. 여기서 말하는 목차의 체계는 번호 체계가 아니다. 감리 시 원고를 찬찬히 정독함으로써 큰 흐름이 파악되면, 목차가 기승전결을 잘 갖추었는지 알 수 있다. 여기서 순서가 잘못되었다면 이 또한 즉시 저자와 협의하여 정정한다. 이를 미루면 추후 전면적인 수정을 펼쳐야 할 수도 있다. 그 밖에 순서에 문제가 있는 건 아니지만 최선이라고도 느껴지지 않는 경우가 있다. 윤문자 본인이 생각하기에 순서를 바꿨을 때 주제 의식이 더욱 분명하게 드러날 것 같다면 편집장과 저자에게 제안한다.

기획 의도에 반하는 저자의 단독 의견에 휩쓸리지 않기

앞서 윤문은 교정과 달리 감리 단계부터 기획 의도를 염두에 두고 진행된다고 말한 바 있다. 이 말에는 한 가지 전제가 깔려 있다. 감리 전 윤문자는 이미 출판사의 기획 의도를 정확하게 숙지한 상태여야 한다는 것이다. 지금까지 부분 부분 나누어 설명한 윤문의 준비 운동을 순서대로 정리하자면 아래와 같다.

기획 의도 숙지 – 원고 감리 – 원고 파악 – 윤문

일반적으로 출판사는 신간을 기획할 때 기획 의도의 뼈대를 먼저 세운다. 그 후 저자를 섭외하여 이를 함께 구체화한다. 따라서 이러한 과정을 거친 최종 기획 의도는 저자의 집필 의도 또한 담고 있으며, 그것을 어떻게 전달할지에 대한 고민도 포함한다. 즉, 기획 의도에 충실한 윤문은 저자의 함의까지 온전한 활자로 표현할 수 있는 최선의 방법이다.

윤문자는 자신의 포지션과 윤문의 목적을 잊지 말아야 한다. 윤문자는 저자의 조력자이지, 대변인은 아니다. 그러므로 기획 의도에 반하는 저자의 단독 의견에 휩쓸리지 않도록 내내 중심을 잘 잡는 것이 윤문자의 기본 의무라고 말하고 싶다. 그 의무를 이행하는 가운데 한밤중 성난 목소리의 저자로부터 전화가 걸려 올 수 있다. 하지만 윤문 과정이 거칠고 저자와의 소통이 치열할수록 좋은 결과물이 나온다. 마침내 저자는 본인과의 전투를 마다하지 않은 윤문자를 다시 찾게 될 것이다.

══ 02 ══

'본문으로 들어가면'

1. 듀얼 모니터가 필요한 타이밍

윤문은 무엇일까?

윤문 작업 시 필자는 듀얼 모니터를 사용한다. 교정을 볼 때처럼 초고에 즉시 수정을 가하는 방식은 윤문에 적합하지 않다. 감리 단계에서 필요에 따라 목차의 순서를 재배치했던 것처럼 본문 내에서도 문장과 문단의 위치를 재조립하는 대공사가 이루어지기 때문이다. 필자의 경우 초고 파일은 참조용으로 사이드 모니터에 열어 두고, 메인 모니터에서 작업을 진행한다. 사이드 모니터 속 초고를 읽고 또 읽으면서 문장 혹은 문단의 제자리를 찾아 메인 모니터에 옮겨 정리하는 것이다.

앞서 윤문은 때때로 내용에 개입한다고 했던 말을 기억하는지. 교정 단계에서도 내용 교정을 진행하지만, 내용에 개입하는 접근 방식부터가 다르다. 내용 교정은 원고의 흐름이라는 큰 틀 안에서 사실과 다른 부분을 정정하는 등 지엽적으로 이루어진다. 반면 윤문은 이전에 말한 것처럼 경우에 따라 틀 자체를 재구성하기도 한다. 물론 이 과정에서 윤문자는 원고 내용을 와전하지 않도록 주의해야 한다.

이 까다로운 대공사를 진행하는 이유는 수차례 강조했듯 저자가 궁극적으로 말하고자 하는 바를 독자에게 제대로 가닿게 하기 위함이다. 아무리 볕이 잘 드는 집이어도 창문 앞에 옷장을 세워 두면 본래 얼마나 환한 곳이었는지 알 길이 없지 않은가. 윤문은 집 안의 물건들을 그것이 필요한 곳, 혹은 어울리는 곳에 데려다 놓는 일과 크게 다르지 않다.

나아가 짤막한 어느 한 구절이라도 책을 덮은 독자의 마음에 남길 수 있다면 더할 나위 없는 윤문일 테다. 하지만 이는 윤문자가 만드는 것이 아니다. 정리 정돈을 마친 저자의 글에서 절로 발견되는 것이다.

조금 전에도 언급한 것처럼 윤문은 꽤 큰 공사이기에 도서 분야와 저자에 따라 진행 여부를 결정하고, 비중을 조정한다. 문학 도서나 직업 작가의 글은 윤문하지 않는다. 주로 실용서와 전문서, 그리고 직업 작가가 아닌 저자의 글이 윤문을 거친다. 이 책의 윤문 파트도 후자에 속하는 원고를 작업했던 필자의 경험을 기준으로 기술되었음을 밝힌다.

2. 글은 읽혀야 하고, 책은 팔려야 한다

윤문은 왜 필요할까?

책은 팔려야 한다. 평생 책을 만들어 오신 어머니의 말씀이다. 팔리지 않으면 파지가 될 뿐이라고. 생의 절반을 편집장으로 채우신 어머니는 이제 본인의 출판사를 꾸리셨음에도 여전히 발행인보다 편집장이라고 불리기를 좋아하신다. 그만큼 책 만드는 일을 사랑해 마지않는 분의 저 한 문장이, 작업한 원고가 늘어 갈수록 더 깊숙이 와닿는다.

사람의 손길을 꾸준히 받은 책은 티가 난다. 시간이 지남에 따라 종이 사이사이가 조금씩 벌어지는데 그 모습이 내 눈에는 이스트를 넣어 부풀어 오른 빵 반죽처럼 사랑스럽다. 어쩌면 책의 생명은 제본을 마친, 갓 태어난 순간에 시작되는 게 아닐지도 모르겠다.

이 일을 하면서 그처럼 오래도록 살아 숨 쉬는 책을 만들기 위해 내가 할 수 있는 건 무엇일까 생각했다. 읽히는 글을 책 속에 담아내자는 것이 결론이었다. 그때부터 어머니의 출판 철학에 이를 덧붙여 작업을 할 때마다 나름의 대전제로 삼고 있다. 글은 읽혀야 하고, 책은 팔려야 한다.

저자로서의 포지션 일깨우기

직업 작가가 아닌 저자, 그중에서도 출간 경험이 없는 경우 라면 아직 저자로서의 포지션이 확립되지 않았을 확률이 높 다. 그 포지션이란 독자의 존재를 인지함에서 비롯된다. 이는 원고를 읽어 보면 알 수 있다. 읽혀야 하는 글임을 간과한 원 고는 설득하지 않고 주장한다. 즉각적인 반응을 주고받는 것 은 아니지만 책도 결국 독자와의 소통인데, 읽는 이의 마음 을 두드리지 않는 글은 안타깝지만 저자의 일방적 주장이 되 고 만다. 결국 쉽게 읽히는 글은 독자에 대한 최소한의 예의 이다. 읽힐 준비가 되지 않은 글 속에서 집필자의 의중을 찾 아 공감해 주기를 바라는 것은 아무래도 무리한 부탁이다.

저자 항의는 윤문자의 숙명과도 같은데, 필자는 이때 그들이 저자로서의 포지션을 자각할 수 있도록 돕고자 한다. 먼저 그러한 방식으로 윤문하게 된 이유를 설명한다. 그럼에도 저자의 의문 내지는 불만이 해소되지 않는다면 독자의 입장에서 소리 내어 읽어 볼 것을 권한다. 윤문의 목적을 저자에게도 상기시켜 주는 것이다.

3. 저자와 윤문자, 따로 또 같이

윤문은 어떻게 할까?

원고를 사이에 둔 윤문자와 저자의 관계를 한마디로 정리하자면 '따로 또 같이'다. 윤문자는 저자에 공감하되 객관성을 잃어서는 안 된다. 앞서 윤문은 교정·교열과 달리 명확한 안내선이 없다고 말한 적 있다. 맞춤법처럼 마땅히 고쳐야 하는 부분이 한눈에 들어오는 것도 아니고, 설령 발견했더라도 과연 고쳐도 될지, 어디까지가 적절한 최선일지 확신하기 어렵기 때문이다. 윤문은 스스로 적정선을 긋고 지키는 일의 반복이다.

윤문자의 자아 지우기

윤문자도 사람인지라 특유의 문체가 있을 수밖에 없다. 또 작업한 원고가 쌓일수록 윤문하는 방식에도 취향과 일정한 틀이 생기기 마련이다. 일을 하면서 체득하는 본인만의 매뉴얼은 일반적으로 능률을 올리는 데 도움을 주지만 윤문의 경우에는 그렇지 않다. 전자만큼이나 후자가 위험한 까닭은, 저마다 다르게 접근하고 풀어야 하는 원고들을 자신도 모르는 새 관례적으로 처리하게 될 수 있기 때문이다. 어떠한 경우든 윤문자는 지면에 드러나서는 안 된다. 오직 저자만이 보여야 한다.

저자의 문체 취사선택하기

사실 가장 쉽고 빠르게 윤문하는 방법은 눈에 거슬리는 부분을 모두 제거하는 것이다. 하지만 이는 윤문이라고 할 수 없다. 초보 윤문자가 범하기 쉬운 실수 중 하나인데, 윤문은 근본적으로 글을 다듬는 작업이지만 그렇다고 마냥 매끄럽게 매만져서는 안 된다. 충분한 고민 없이 휘두른 윤문은 훼손일 뿐이다.

저자가 독자를 염두에 두고 집필해야 하듯, 윤문자는 독자와 더불어 저자를 매 순간 생각한다. 글을 읽으면 사람도 함께 보인다. 윤문을 할 때는 원고를 읽으며 저자를 감각한다. 나아가 저자의 성별, 연령, 직업까지도 고찰한다. 저자와 통화를 하거나 직접 만나게 된다면 말투와 표정도 기억하여 작업에 참고한다. 모두 저자의 문체를 지키기 위함이다. 문체는 지문과도 같기에 신중하게 접근할 수밖에 없다.

저자의 개성을 섣불리 없애 버리면 아무리 유려한 문장인들 글맛을 느낄 수 없다. 애초 윤문자의 글이 아니지 않나. 주체를 잃은 글은 재미가 없다. 따라서 가독성과 저자의 개성 간 균형을 잘 맞춰야 한다. 윤문에 많은 시간이 소요되는 이유이다.

다듬어야 하는 저자의 문체

고유한 문체 없는 사람이 어디 있겠냐마는, 유독 특징적인 글투를 지닌 저자들이 있다. 강의 경험이 있는 저자들이다. 강의할 때 사용하는 말투가 글에도 고스란히 배어 있어 머리말만 읽어도 알 수 있다. 같은 주제를 연이어 강조하거나, 독자가 이해했는지 거듭 확인하는 말이 자주 등장한다. 느낌표와 물음표, 물결도 빈번하게 쓰인다. 이러한 특색은 강의를 들을 때의 몰입을 높여 줄 테지만 글로 접한다면 집중을 저해하는 요인이 될 수 있으니 적절히 다듬도록 한다.

말의 형태를 그대로 글로 옮겼을 때 발생하는 또 다른 문제는 표현의 막연함이다. 얼굴을 마주하거나 목소리를 들으며 소통할 때에는 표정과 손짓, 몸짓, 말투, 말의 높낮이 등으로 상대방이 말하고자 하는 바를 촘촘하게 이해할 수 있다. 짜임새 있는 말이 아니라도 그 뜻을 어느 정도 짐작할 수 있는 것 역시 같은 이유에서다. 말과 글, 대면과 비대면 소통의 간극은 여기서 느껴진다. '이 정도는 굳이 쓰지 않아도 알겠거니'라는 생각으로 중간중간 내용을 생략하거나, '그런 식으로 하면 된다'와 같이 모호한 표현으로 매듭짓는 글이 생각보다 많다. 문장과 문장 사이 공백에는 이를 채워 줄 수신호가 없기에 보다 구체적으로 그려 내야 한다. 이는 윤문자가 자의로 메울 수 없는 부분이기에 저자에게 내용 보충을 요청한다.

4. 이런 것도 윤문자가 한다고?

윤문을 마친 원고는 편집 디자이너에게 넘겨진다. 표제는 보통 신간 기획 단계에서 정해지지만 서브 카피는 디자인을 잡는 과정에서 결정된다. 서브 카피는 해당 도서의 편집자가 담당하는데 필자의 경우 함께 고민하며 의견을 제안하는 편이다. 이 또한 윤문자의 업무는 아니지만 원고를 가장 잘 아는 사람은 저자와 편집자, 그리고 윤문자이기 때문이다. 책에서 활자로 이루어진 모든 부분에 한하여 스스로 편집자와 같은 책임감으로 임했다면, 표제에 어울리는 서브 카피 하나 정도는 떠올릴 수 있다.

03

부록 :
아날로그 윤문의 미학

여기서부터는 보아도 되고 보지 않아도 되는, 말 그대로 '부록'이다. 하지 않아도 뭐라 할 사람이 없는 모니터 작업 후의 이야기가 담겨 있다. 필자에게는 아날로그식 윤문이 퇴고 작업과 같다. 마지막으로 이 투박한 과정까지 거치고 나면 출판사로부터 그 어떤 추가 수정 요청도 들어오지 않는다. 이처럼 원고의 완성도를 높이고, 자연히 판매량에도 일조하게 되는 한 끗이 여기에 있다.

1. 재점검 카테고리

　윤문을 마친 후 원고를 구성하는 각각의 요소를 분류하여 다시 한 번 점검한다. 이러한 점검은 언제나 한 번에 하나의 요소만 살펴보는 것이 핵심이다. 예를 들어 처음 볼 때는 편제와 번호 체계만, 그 다음에는 각각의 목차와 본문 구성이 일치하는지만 검토한다. 맞춤법은 원고 형식에 해당하는 부분들을 모두 본 후 마지막으로 확인한다.

2. 모니터를 떠날 타이밍

　교정과 윤문은 같은 원고 작업이지만 끝나는 방식이 서로 다르다. 먼저 교정의 경우 원고를 넘긴 후 지면 교정을 한 번 더 진행한다. 반면 윤문은 원고 작업의 마지막 단계이기에 별도의 지면 교정 없이 바로 다음 제작 과정으로 넘어간다. 이때 필자는 원고를 넘기기 전 자체적인 지면 교정을 실시한다. 눈에서 진물이 나도록 모니터를 보고 또 보아도 발견되지 않던 오류가 종이에서 나타나는 일이 더러 있기 때문이다. 이또한 의무 사항이 아니지만 윤문을 거친 원고는 모든 부분에 있어서 더 이상의 수정이 필요 없는 상태임을 뜻하기에, 그에 충실하려는 것뿐이다.

한 가지 덧붙이자면, 지면 교정 시에는 저자에게 권했던 것처럼 필자 역시 원고를 소리 내어 읽는다. 눈으로 백 번 읽어도 찾지 못한 오류가 입을 통해 한 번에 잡힌다. 또한 입은 눈보다 객관적이라 미처 감지하지 못한 어색한 문맥까지도 모두 짚어 준다.

3. 편집 디자인 뒤에 남아 있는 '진짜_최종_파일'

필자는 교정 작업을 할 때와 마찬가지로 윤문을 끝낸 후에도 편집 디자인을 마친 최종 PDF 파일을 받아 마지막으로 원고를 검토한다. 윤문 없이 교정 작업만 진행한 경우, 검토할 사항은 비교적 간단하다. 원고가 제대로 앉혀졌는지, 편집 과정에서 생긴 오탈자는 없는지 확인하는 것이다. 이에 비해 윤문을 진행한 원고라면 몇 가지 사항을 추가하여 살핀다.

먼저 글자 위치를 점검한다. 줄이 바뀌는 지점에서 한 글자가 애매하게 동떨어질 때가 있다. 편집 오류는 아니지만 고작 그 한 글자가 가독성과 글맛, 때로는 책에 대한 신뢰에까지

영향을 미칠 수 있다. 또 사진을 비롯한 각종 자료가 포함된 원고라면 각각의 자료가 해당 본문과 함께 배치되었는지 검토한다. 실제로 본문 내용과 관계없는 자료가 같은 지면에 자리한 것을 발견하여 수정된 적이 여러 번 있었다.

이는 편집 디자이너의 역할이라고만은 할 수 없다. 특히 후자의 경우 원고 내용을 모두 파악해야 알아챌 수 있는 부분이다. 따라서 이처럼 책 내용을 돋보이게 하는 세밀한 편집 교정은 원고를 잘 아는 윤문자가 함께하는 것도 좋은 방법이다.